manï

Anton Georg Simon

Pfingsten
selbst erlebt

 𝒱ita des 𝒜utors

1943 geboren in Wertingen · Bankkaufmann · 1968 Abitur in Waldram · Phil.-Theol.-Studium in München und Tübingen · Religions-Lehrer an der Berufsschule Neu-Ulm · 1976 Priesterweihe · Kaplan in Neu-Ulm und Augsburg · Pfarrer in Illerberg, seit 1984 Charismatische Erneuerung, zweijährige Ausbildung zum Begleiter Ignatianischer Exerzitien beim Institut für Missionarische Seelsorge, Frankfurt · Pfarrer in Durach im Allgäu und Ehingen am Ries mit Belzheim · Mitarbeiter im Exerzitienhaus Hochaltingen · Diplom-Hagiotherapeut · Viele Studien- und Pilgerreisen, auch mit Gruppen, in Europa, Afrika und Asien · Ruhestand in Immenstadt-Bühl im Allgäu

Anton Georg Simon

Pfingsten
selbst erlebt

Ströme lebendigen Wassers
brechen hervor

mani

1. Auflage 2014
© 2014 manï Verlag
Maria Anna Weixler-Gaçi, Kempten
www.maniverlag.eu

Titelbilder: Maria Anna Weixler-Gaçi
(Altar in der Pfarrkirche Hl. Geist in Durach,
geschaffen vom Duracher Künstler Günter Doriat)
Umschlaggestaltung und Layout: Brigitte Weixler
www.weixler-schuerger.de

Druck und Verarbeitung:
Rud. Roth, Inh. Günther Falter, Leutkirch

ISBN: 978-3-9812862-7-4

Meiner Mutter Theresia
und allen meinen (geistlichen) Müttern und Schwestern,
die mein (geistliches) Leben ermöglicht und mitgetragen haben.

Meinem Vater Georg,
und allen meinen (geistlichen) Vätern und Brüdern,
die mein Leben geprägt, gefördert und gefordert haben.

Komm Heiliger Geist.
Komm du Licht in mein Herz.
Komm und führe mich durch mein Leben.
Komm und zeige mir den Sinn in meinem Leben.
Komm und heile alles Kranke in mir.
Komm und belebe alles Tote in mir.
Komm du Geist des Lebens.
Komm du Geist echten Liebens.
Komm Heiliger Geist.

Inhaltsübersicht

Zum Geleit

Das Faszinierende an der Charismatischen Erneuerung ist, dass sie keinen menschlichen Gründer hat. Gott selbst hat die Initiative ergriffen und Menschen haben den Heiligen Geist als Kraft erfahren, die das Leben verändert. Die Ausgießung des Heiligen Geistes, die uns zu Pfingsten so plastisch vor Augen gestellt wird, ist keine fromme Geschichte oder ein einmaliges Schauspiel. Der Heilige Geist hat von seiner Kraft nichts verloren, das bezeugen auch heute noch tausende Menschen in aller Welt.

Bei uns in Europa merkt man oft wenig von seiner unbändigen Kraft, vielleicht auch, weil wir satt geworden sind und Angst vor Veränderung haben. Der Heilige Geist deckt die verborgenen Regungen des Herzens auf.

Gott hat sich zu allen Zeiten einzelner Menschen bedient, die er als sein Sprachrohr benutzte. Oft klein und unscheinbar hat vieles begonnen. Sein Geist ist es, der auch heute noch Leute sucht, die nicht nur Hörende sind, sondern auch bereit sind zu gehen.

In diesem Buch steht am Anfang ein junger Mann mit großer Entscheidungsnot und Menschen, die er um das Gebet bittet. Gott gibt ihm nicht nur Antwort, sondern lässt ihn sein persönliches Pfingsten erleben. Nun ist er sich seiner Berufung als Priester sicher. Der Heilige Geist nimmt ihn gleichsam in die Schule und erfasst nach und nach alle Lebensbereiche.

Die Auswirkungen auf seine Pfarre bleiben nicht verborgen. Menschen erfahren auf einmal den Glauben als tragende Kraft in ihrem Leben, entdecken neu die Sakramente als Stärkung für die Nachfolge Jesu. Viele wollen mitarbeiten, erzählen offen von ihren Erfahrungen mit dem lebendigen Gott, und diese Freude steckt an. Gebetsgruppen entstehen, Bibelrunden und Lobpreisgruppen formieren sich, und jeder ist mit Eifer dabei. Neben all der Freude über die aufblühende Gemeinde erfährt Pfarrer Anton Simon auch seine persönlichen Grenzen.

Wo alles begann:
Charismatischer Gottesdienst in Illerberg.

Pfarrer Simon vergleicht die Charismatische Erneuerung mit dem Salz. Für sich allein bleibt es wirkungslos. Erst wenn die Erneuerung im Heiligen Geist bereit ist, sich in die Gesamtkirche einzubringen, sich untermischen zu lassen, erlebt sie ihre Berufung. Die Charismatische Erneuerung hat ihren Platz in der katholischen Kirche und braucht ihre Gaben und Erfahrungen nicht ängstlich zu verbergen. Mehr noch, sie verfehlt ihren Auftrag, wo sie sich selbst genügt oder sich über andere Gruppen erhebt.

Salz hat aber auch die Eigenschaft, dass es in Wunden brennt. Diese Tatsache ist zwar für keine Seite angenehm, aber heilsam. An diesem Widerspruch kommen wir nicht vorbei, das hat auch Jesus am eigenen Leib erfahren. Liebe geht nicht ohne Leiden, und die Nachfolge Jesu hat ihren Preis.

Vertrauen wir auf die Zusage Jesu, dass er bei uns bleibt und uns durch den Heiligen Geist leiten wird.

+ *Alois Kothgasser*

Alois Kothgasser, Erzbischof von Salzburg

Ein Neuanfang

Pfingsten persönlich erlebt

1974 – Es war am Abend vor dem Palmsonntag. Wir hatten ein mehrwöchiges Seminar hinter uns, während dem wir uns mit Bibelstellen befassten, die grundlegend unser spirituelles Leben betrafen. Ziel war und ist, das eigene Leben am Wort Gottes auszurichten. Wohl eines der ersten Seminare dieser Art im deutschsprachigen Raum. Diesen gemeinsamen Weg schlossen wir mit einem gemeinsamen Wochenende im Isartal ab.

Ich war damals in großer Entscheidungsnot, sollst du Priester werden oder heiraten, nicht nur theoretisch, sondern ganz praktisch. In diese Situation hinein habe ich die Schwestern und Brüder beten lassen, wie ich mich entscheiden sollte. Die haben kräftig gebetet, mir die Hände aufgelegt. Ich saß da, lahm wie ein Mehlsack. Sie beteten um die Sprachengabe für mich. Mir war das egal, ob ich die bekomme oder nicht. Ich hab das nicht für so wichtig gehalten, wie dies auch in der Erneuerung in der katholischen Kirche in Deutschland gesehen wird. Die Sprachengabe oder auch Zungenrede genannt, wird in großen Teilen der Pfingstbewegung und manchmal auch in der charismatischen Erneuerung in den Kirchen als »Beweis« genommen, dass ein Mensch eine Geist-Erfahrung, eine »Taufe im Heiligen Geist« erlebt hat. Soweit die Deutungen anderer. Das Erlebnis selbst – wie alle Erlebnisse, die einen »umkrempeln« und zu neuen Einsichten und Einstellungen führen – ist schwer mitzuteilen.

Mein persönliches Erlebnis war so: Sie fragten mich während des Gebets, ob ich nichts spüre. Ob nichts komme. Ich spürte nichts. Bei mir kam nichts. Enttäuscht haben sie sich von mir abgewandt und sich einem anderen zugewandt, der schon auf ihr Gebet wartete. Auf einmal kam mir ein Wort auf die Zunge, ein komisches Wortes. Ich dachte, was soll denn jetzt das. Von der Zunge kam das Wort in den Kopf. Ich wollte es prüfen, ob ich das herauslassen sollte. Ich konnte es einfach nicht mehr halten. Und ich sagte es einfach.

Das haben alle gehört. Sofort ließen sie den anderen sitzen, kamen zu mir herüber und haben gejubelt und sich gefreut: Jetzt hat er's.

Tatsächlich hatte ich's. Dieses komische Wort hat in mir eine Freude ausgelöst. Die war unbeschreiblich. Ich konnte sie einfach nicht zurückhalten. Ich musste heraus aus dem Raum. Ich bin buchstäblich aus dem Fenster gesprungen. Zum Glück waren wir im Parterre. Ich bin zum nahen Wald gerannt, durch die Bäume, Richtung Isar. Der Mond stand so schön herum, da oben.

Ich habe gejubelt. Ich habe gebetet. Ich habe Gott gepriesen. So etwas hatte ich bis dahin noch nicht erlebt. So glücklich war ich noch nie. Ich habe gebetet für all die Menschen, die mir eingefallen sind. Besonders für zwei Menschen, deren Schicksal mir damals sehr präsent war. Jetzt habe ich gewusst: Gott, ich gehöre zu dir. Ich will Priester werden! Jetzt kann ich dir alles anvertrauen, was mein Herz bewegt. Ich betete für einen Mann, der mit seinem Bein Schwierigkeiten hatte, dass es geheilt wird. Und die Frau eines Freundes. Sie hatte immer Schwierigkeiten mit ihren Schwangerschaften. Jetzt war sie wieder schwanger. Alle waren in Sorge, hofften, dass das Kind nicht wieder abgehen würde. Die Aussichten waren nicht schlecht. Ich betete, dass das Kind bleibt, dass es geboren werden kann.

Ich wollte gleich auf Nummer sicher gehen, dass mein Gebet in dieser Stunde auch erhört würde. Ich habe mit dem Herrn vereinbart: Lieber Gott, ich möchte wissen, ob du mein Gebet erhörst. Ich möchte Nachricht über die beiden Personen, ohne dass ich fragen muss.

Tatsächlich, als ich mit den Betreffenden zusammenkam, hörte ich, dass der Mann an diesem Sonntag früh solche Schmerzen in seinem Bein hatte, dass er nicht einmal wie er es gewohnt war, zum Sonntagsgottesdienst gehen konnte. Schon gar nicht auf den Friedhof zum Grab der Familie, wie es auf dem Land üblich ist. Bald habe ich auch gehört, dass die Frau meines Freundes in dieser Nacht in die Klinik gefahren wurde und das Kind abgegangen ist. Es ist genau das Gegenteil von dem eingetreten, was ich erbetet hatte.

Gott hat reagiert. Er hat mir geantwortet. Aber anders als ich ihn gebeten hatte. Ich war natürlich enttäuscht.

Es hatte sich gezeigt: Gebetserhörungen kann man mit Gott nicht aushandeln. Und evtl. täuscht sich der Mensch auch, wenn er vorschnell eine Deutung parat hat.

Erst später habe ich begriffen, was das soll. Entweder wollte Gott meinen Glauben prüfen. Oder das war ein Zeichen dafür, weil ich meinem Entschluss, Priester zu werden, wieder untreu geworden bin.

Diese Entscheidung betraf das Leben von zwei Personen. Ich war nicht mehr der allein Entscheidende. Und so ging es in der folgenden Zeit wieder in die andere Richtung.

Die Geschichte geht noch weiter. Als ich dann doch so weit war, zwei Jahre später, im Jahr meiner Priesterweihe, durfte ich in der besagten Familie Zwillinge taufen. Sie waren zwar schon im März geboren. Aber die Eltern wollten warten, bis ich im Juli Priesterweihe haben würde. Bald darauf tauften wir die beiden Mädchen zur Freude aller. Die Frau trug in ihrem Herzen die Gewissheit, so hatte sie sich ihrem Mann gegenüber geäußert: Hinter den Zwillingen steckt der Toni, wie ich von meinen Jugendfreunden genannt wurde.

Dieses unwahrscheinliche Glück, das ich damals in den Isarauen erlebte – die andern haben es so gedeutet – das war meine, wie dieses Erlebnis bei Pfingstlern und Charismatikern meist genannt wird – Taufe im Heiligen Geist.

Ich habe mich innerlich ganz neu gefühlt. Mein Herz war neu. Mein Magen war neu. Mit dem hatte ich damals Schwierigkeiten. Alle meine Organe fühlten sich wie neu an. Ich war wie neugeboren. So habe ich diese Begriffe über Taufe und ihre Folgen bei Erwachsenen verstanden, weil ich sie als Realität erlebte.

Die Folgen daraus:

Liebe zum Gebet

Mit diesem Erlebnis des Heiligen Geistes kam eine große Liebe zum Gebet in mich. Vorher hatte ich immer Gebet als Pflicht gesehen. Jetzt war Gebet eine Freude.

In der Folgezeit habe ich stundenlang, wirklich stundenlang jeden Tag gebetet. Beim spazieren gehen habe ich gebetet und gesungen.

Liebe zur Bibel

Ich habe mir eine kleine Bibel gekauft, die ich immer mit mir trug, habe bei jeder Gelegenheit darin gelesen, mir wichtige Stellen angestrichen. Es war mir ein Bedürfnis, zu beten. Wenn mich jemand gefragt hätte, was ist dein Hobby, hätte ich ihm geantwortet: Beten.

Das sind Phänomene, über die andere urteilen: Jetzt spinnt der. Wenn man als Hobby betet.

In dieser Nacht, in diesem Neuwerden im Heiligen Geist, hat es mich auf meinem Weg durch den Wald hin und her geworfen. Ich konnte nicht gerade gehen. So überwältigt war ich von diesem Erlebnis. Später habe ich begriffen, so ähnlich muss es den Aposteln beim Pfingstereignis ergangen sein, dass manche Unwissende spotten konnten: Die sind voll süßen Weines. Die sind betrunken. Man kann also trunken werden vom Heiligen Geist.

Beten ging so leicht. Es war für mich eine Freude, ein richtiges Glück. Ich war gelöst und entspannt, wie ich mich noch nie gefühlt hatte.

Die Psalmen haben eine Leuchtkraft bekommen, das war wunderbar. Ich habe sogar selber Psalmen gedichtet. Neue Lieder strömten einfach aus mir heraus. Auf einmal kam das über mich, egal wo ich gerade war, unter der Dusche, unterwegs ... .

Wenn ich einen Kassettenrekorder dabei gehabt hätte, hätte ich das aufgenommen und ein neues Liederbuch oder einen Gedichtband herausgeben können, Autor Heiliger Geist. Ob das jemand gekauft hätte, ist eine andere Frage.

Jedenfalls bin ich zum Dichter geworden – durch den Heiligen Geist. Mit dieser großen Liebe zum Gebet verband sich eine große Liebe zur Heiligen Schrift.

An diesem Palmsonntag war der Kurs zu Ende. Ich fuhr nach Hause, in meine Heimat. Am Bahnhof in Augsburg, ein Zwischenaufenthalt auf dem Weg in die Provinz, ich hatte einen kleinen Schott dabei. Den gab es inzwischen wieder, nach Einführung der neuen Leseordnung.

Ich habe in der kurzen Zeit des Wartens auf meinen Bus alle Lesungen der ganzen Karwoche durchgelesen. Aber nicht so, wie man halt so liest, und nach einem Stück Lesen sich frägt, was hast du da jetzt gelesen. Sondern jedes Wort der Schrift hat geleuchtet. Von jedem Wort ging eine Kraft aus. Ich habe das Wort Gottes in mich hineingetrunken, hineingegessen wie eine Kommunion. Das ist geblieben. Diese Leuchtkraft der Schrift.

Beim Studium in einem Seminar sagte der leitende Assistent so nebenbei, er habe Probleme mit der Heiligen Schrift. Er sehe, die Texte der Bibel würden den Menschen von heute nicht mehr ansprechen. Ich habe mir gedacht, du armer Kerl.

Es wurde damals öfters praktiziert, dass neben der Heiligen Schrift auch andere Texte von verschiedensten Denkern und Dichtern in Gottesdiensten vorgetragen wurden. Der Wert der Schrift – so mein Eindruck – wurde damit zu wenig geachtet.

Die Heilige Schrift ist ungeheuer aktuell. Das habe ich jetzt erst erlebt. Wenn ich eine Stelle lese, werde ich unmittelbar angesprochen. Ich muss nicht erst Exegese betreiben, nicht erst nachschauen, was eine Aussage bedeutet. Der Text spricht mich direkt, unmittelbar an. Er fängt in mir an zu leben. Gibt mir Kraft zum Leben.

Mit der Schrift haben sich die »Charismatiker« in den Anfängen noch nicht ausführlich beschäftigt. Die Schrift führte ein kärgliches Dasein. Sprecher, Prediger gingen sehr leicht über die Schrift hinweg und erzählten dann ausführlich von ihren eigenen Erlebnissen mit Gott.

Im Priesterseminar hatten wir einen weisen Mann als Spiritual. Dem ich einen ungewöhnlichen, unorthodoxen Zugang zur Heiligen Schrift verdanke. Er hat uns die Bibel in Parallele zu Märchen erschlossen. Er versuchte, uns deutlich zu machen, dass der Orientale sich in Bildern ausdrückt. Ich muss einen Zugang zu diesen Bildern finden, um ihren geistig-geistlichen Gehalt zu erspüren, zu entdecken, aufzudecken. Und die Weisheit darin zu erkennen. Weisheit aus gelebtem Leben für zu lebendes Leben. Das ist eine Methode.

Zur Predigtvorbereitung wende ich die heute noch an. Ich schreibe den Schrifttext ab, versuche ihn zu schematisieren. Was sagt Jesus, was sagen die andern. Wie ist das Umfeld. Welcher Text geht voraus. Welcher folgt meinem zu bearbeitenden.

Den Text anschaulich werden lassen, zum Sprechen bringen. Manchmal male ich ein Bild, bei Ereignissen wie der Brotvermehrung oder dem Seesturm oder anderen Ereignissen im Leben Jesu.

Besonders Johannes ist mir auf diesem Weg sehr kostbar geworden. Er ist vordergründig oft unverständlich, aber wenn man es wagt, auf Entdeckung zu gehen, erlebt man immer wieder Überraschungen.

Die Johannes-Texte sind so voller Kraft, wo die Naturelemente Licht, Wasser, Dunkel sprechen. Wenn man sich da einliest, einarbeitet, entstehen herrliche Bilder. Wir erspüren den Geist, mit dem das Wort geschrieben ist, den Geist, der aus dem Wort Gottes spricht. Das Wort Gottes als »geronnener Geist«, als »Geist in Dosen«, wie ich oft sage. Der neu entdeckt werden, zum Leben kommen will.

Die Bibel ist modern, ein aktuelles Buch. Sie enthält alles, was in einem Leben passieren kann. Ein Leben, unser Leben reicht gar nicht aus, dass wir all die Erfahrungen, die in ihr festgehalten sind, selber erfahren oder uns ganz zunutze machen könnten. Sie ist viel reicher als das Leben eines Einzelnen sein kann.

Vor der Arbeit mit der Bibel bete ich, dass mir etwas Gescheites einfällt. Oft staune ich, immer wieder neu, auf welche Gedanken ich während dieser Auseinandersetzung mit der Bibel komme. Gedanken, die ich vorher nie hatte. Gedanken, die ich in keinem Kommentar finde.

Leute sagen mir manchmal nach einer Predigt: Was Sie da gesagt haben, das haben wir noch nie gehört. Wie Sie das sehen, darauf wäre ich nicht gekommen. Das ist das Wirken des Geistes, hoffe ich jedenfalls. Diese Art mit der Bibel zu arbeiten, wird selber zur Erfahrung mit dem Geist Gottes.

Inzwischen spreche ich meine Predigten frei – ohne Manuskript. Irgendwie fand ich das schizophren. Da hast du dein Skript. Vor der Bearbeitung betete ich um die Kraft des Geistes. In dieser Kraft erstellte ich eine Predigt, ein bis zwei Seiten, Festpredigten etwas länger. Dann trägst du das dreimal oder, in größeren Gemeinden (als Kaplan), fünfmal vor.

Jedes Mal betete ich, dass der Geist zu den Menschen spricht. Immer sind es andere Leute. Aber immer der gleiche Text. Der Geist kann das gleiche verschieden benutzen, tut er auch. Aber von meiner Seite, des Predigers aus, bleibt doch ein Unbehagen, ob das der richtige Weg des Heiligen Geistes ist.

Seit dieser Erkenntnis legte ich mein Skript beiseite, betete, dass Er selber zu den Menschen spricht, was jeder für sich braucht. Und jetzt fühle ich mich wieder wohler.

So wird jede Predigt, obwohl der Inhalt im Wesentlichen der gleiche ist – anders. Es kommen neue Gedanken dazu, neue Ideen, die ich vorher nicht gedacht hatte. Manchmal ist sogar etwas Prophetisches dabei.

So wird jede Predigt anders. Manchmal sagen Leute zu mir: Was Sie da gesagt haben, dieses Wort oder dieser Satz, das war genau für mich. Ich habe schon Jahre eine Antwort auf eine Frage gesucht, Sie haben mir heute die Antwort gegeben.

Der Heilige Geist ergreift uns immer wieder neu. Er lässt uns Worte sagen, die vorher in unserem Denken nicht vorhanden waren. Ich staune manchmal über mich selber, dass ich Sätze sage, die vorher in meinem Denken nicht vorhanden waren. Gute Sätze, wo ich spüre, Heiliger Geist, das bist du.

Die Bibel hat eine Leuchtkraft für mein Leben bekommen. Diese Leuchtkraft möchte ich weitergeben.

Ich habe schon Eucharistiefeiern erlebt, bei denen das Evangelium vorgetragen wurde, dann wurde das Evangeliar zugeklappt und irgendwo abgelegt. Wie eine Nebensache. Und dann folgte die große Predigt.

Ich habe für mich verstanden, dass das Wort Gottes selber die Predigt ist. Alles, was ich als Prediger nach dem Vorlesen noch darüber sagen kann, ist nichts anderes als diesen Text zum Leuchten zu bringen. Eigentlich ist das Predigen nichts anderes als das, was dieses Wort in der Vorbereitung mit mir gemacht hat, was mir aufgegangen ist, was ich beim Betrachten des Textes erlebt habe, davon das Wichtigste weiterzugeben, Zeugnis von meinem Erlebten zu geben. Mehr brauche ich da nicht zu tun. Das ist unser Auftrag am Wort Gottes.

Ich habe in meiner ersten Gemeinde die Chance gehabt, die Kirche zu renovieren. Wir haben einen neuen Ambo bauen lassen, der stilgerecht zu seiner Umgebung passt. Dazu habe ich einen eigenen Ritus entwickelt.

Nach dem Vortragen des Evangeliums nehme ich das Lektionar in die Hand, gehe um den Ambo herum und lege es auf die Seite zum Volk hin, dass das Volk das Evangelium jetzt auch sieht. Bei feierlichen Gottesdiensten wird jetzt das Wort Gottes mit Weihrauch inzensiert.

Nach einer Verbeugung gehe ich wieder an den Predigerplatz und versuche vom Evangelium Zeugnis zu geben. Das Evangeliar bleibt während des ganzen Tages offen liegen, zum Volk hin. Jeder kann hinzutreten, es nachlesen oder schauen, was heute die aktuelle Botschaft ist. Ich habe darüber jetzt schon öfters gesprochen und erleben dürfen, dass das mehrere Pfarrer in ihren Kirchen ähnlich gemacht haben.

Auch in meinen folgenden Kirchen und zu bauenden Kapellen, bin ich ähnlich verfahren.

Neue Liebe zu den Menschen

Eine weitere Erfahrung nach dem großen Geschenk des Neuwerdens ist eine große Liebe zu den Menschen. Junge Menschen stehen in der Versuchung, alles besser zu wissen. Immer die Altersstufe, in der man gerade selber steht, versteht man am besten.

Ich hatte viele Hemmungen, besonders auch vor Autoritäten. Angst, auf Menschen zuzugehen. Jetzt war ich auf einmal frei.

Bei Treffen und Tagungen war es vorher für mich wichtig, immer neben Bekannten Platz zu nehmen. Jetzt war es mir egal, neben wem ich zu sitzen kam. Jeder war mir Bekannter, jeder war mir Bruder oder Schwester. In solcher Offenheit habe ich neue Menschen kennen gelernt, bin ich neuen Menschen begegnet.

In dieser Zeit des Ringens um den Beruf – bei jedem ist das anders – haben viele Brüder und Schwestern meine Entscheidungsnot mitgetragen, mit durchgebetet. Wenn ich zu kirchlichen Autoritäten ging, habe ich einen Rat bekommen und noch häufiger den Satz gehört, das musst du selber wissen, da musst du selber durch.

Diese Brüder und Schwestern haben diese Not angenommen, haben sie mitgetragen, sie vor den Herrn gebracht, haben mitgelitten, mitgeweint manchmal.

So haben sie mir zu einer inneren Reife verholfen, zu diesem Ruf Gottes endlich Ja sagen zu können. Bei diesem Prozess ist mir auch deutlich geworden, dass man Priester nicht für sich selber wird. Theoretisch habe ich das schon gewusst. Ich habe erlebt, ein Priester ist erbetetes, auch erlittenes Geschenk der Gemeinde für die Kirche.

Solche Brüder und Schwestern wurden immer mehr, werden immer noch mehr und mehr. Wenn sie so kommen mit ihren Sorgen, Nöten und Problemen, habe ich früher immer so zaghaft Andeutungen Richtung Gott gemacht. Auch viel Psychologie hereingebracht. Heute mache ich das anders: Ich gehe direkt auf diesen Menschen zu, auf seine Probleme und gebe ihm eine klare Antwort.

Wenn ich mal in Verlegenheit komme, keinen Rat weiß, dann bete ich einfach in diesem Anliegen. Das braucht der Patient gar nicht zu merken: Heiliger Geist, du musst dran an dieses Problem. Ich weiß nichts zu sagen. Zeig du es mir.

Es kommt immer etwas. Oft führt mich Gott in Nöte, in Schwierigkeiten, in Probleme, die mir bisher fremd waren. Ich versuche damit zurecht zu kommen, natürlich geistlich. Bald darauf kommt jemand, mit genau dem Problem, das ich gerade – in gewisser Weise – vorbehandelt habe.

Was ich selbst durchlebt, durchlitten habe, kann ich dem andern zumindest zeigen, dass wir nicht so weit auseinander sind. Ich kann meine Erfahrung, mein Umgehen damit weitergeben, ihn einladen, es auch so zu versuchen. Oft mit gutem Erfolg.

Wenn das Wesentliche gesagt ist, gehen wir in die Kirche, beten zusammen und der Mensch wird frei. So erfährt er, was Erlösung bedeutet.

Das sind die schönsten Stunden für mich als Priester, miterleben zu dürfen wie ein Mensch befreit wird durch Gott. Ich darf ein bisschen dazu beitragen, den Weg zeigen, dass Gott befreit. Und ich darf mich mitfreuen am Erfolg.

Vorbereitendes Gebet

Alle seelsorglichen Gespräche, Taufgespräch, Trauergespräch, Ehegespräch – alle Gespräche bereite ich betend vor. Am Morgen schon beim Beten. Auf dem Weg dorthin. Wann immer mir Leute einfallen, trage ich sie in die Gegenwart des Herrn.

Die Liebe zu den Mitmenschen vergeht einem gelegentlich, manchmal sogar gründlich. Wenn ich merke, dass Aversionen hochsteigen, Aggressionen. Oder gar Vorsätze, mit dem rede ich nicht mehr. Dann bete ich einfach um eine neue Liebe. Eine oder mehrere Stunden sich mal wieder Zeit zum Beten nehmen, dann ist plötzlich wieder Liebe da. Mauern, die vorher da waren, sind weg. Grenzen, Barrieren, die unüberwindbar schienen, sind nicht mehr vorhanden.

Liebe zu den kleinen Dingen

Ich habe mehr Liebe zu den kleinen Dingen bekommen, zu sonst unbedeutenden Dingen. Meine Erfahrung, Gott lebt auch im Kleinen. Ja gerade im Kleinen. Nicht nur in den großen Ereignissen, wenn überhaupt.

Gott lebt auch nicht in den großen Festen, sondern zumeist in dem, was vorausgeht, in den Mühen, in den Leiden, im Beten für die großen Dinge. Gott lässt sich manches Mal leichter in den Vorbereitungen, die einem großen Fest vorausgehen, finden, als im Fest selbst. Mich befällt unter Umständen auch bei großen Gottesdiensten das Unbehagen, dass es mehr um schöne Musik und große Reden gehen könnte, als um Gott selbst. Auch bei Gebeten bin ich mir bisweilen nicht sicher, ob die Schönheit der Dichtung an erster Stelle steht oder das Lob Gottes.

Gott lebt im Kleinen.

Die Schöpfung sehe ich mit andern Augen, mit neuen Augen. Die Pflanzen, die Tiere, das Meer. Etwas Gewaltiges, Großes, am Meer zu stehen. Die Berge, all die Herrlichkeiten der Schöpfung sprechen unmittelbar von Gott, erzählen uns von ihm, von seiner unwahrscheinlich reichen, überschäumenden, überwältigenden Liebe.

Darüber brauchen wir nicht zu vergessen, dass die Schöpfung beschädigt ist, am kaputt gehen ist.

Beim Aufstellen meiner Weihnachtskrippe habe ich große Tannenzweige aus dem Wald als Hintergrund verwendet. Einige Zweige waren verdorrt. Besucher haben bemerkt, dass das Waldsterben sogar in die Krippe integriert sei. Die Schäden der Natur gehören mit vor Gott gebracht. Wie unsere Krankheiten. Unser Un-Heil-Sein. Das dürfen wir zu Gott bringen.

Wenn wir für die Natur beten, werden wir mit der Zeit anders mit ihr umgehen. Wir werden aufmerksam, dass das Geschenk der Schöpfung gerettet wird, ja, zu neuer Blüte kommt.

Liebe zu Kindern

Eine große Liebe zu Kindern habe ich bemerkt.

Jesus war selber ein Kind. Wir feiern es jedes Weihnachten. Warum ist er ein Kind geworden?

Ein Kind leistet nichts. Es braucht nur. Unsere ganze Aufmerksamkeit. Oft unseren ganzen Einsatz. Schreit es nachts, müssen die Eltern aufstehen, auch wenn es ihnen überhaupt nicht passt. (Wann passt das schon?) Das Kind isst nur, was ihm schmeckt. Es arbeitet nichts. Trotzdem lieben es alle. Ein Kind provoziert unsere Liebe, lockt sie aus uns heraus. Manches Kind, das in Gefahr war, abgetrieben zu werden – wenn es dann geboren ist, lieben es alle.

Ein Kind provoziert Liebe. Jesus provoziert unsere Liebe. Jesus liebt selber die Kinder. Er stellt den Erwachsenen ein Kind als Beispiel hin. Im normalen Leben ist es umgekehrt. Wir stellen den Kindern Erwachsene als Beispiel hin. Später suchen sie sich selber ihre Vorbilder, Stars, Idole. Jesus macht es umgekehrt. Er stellt den Großen ein kleines Kind zum Vorbild hin. Werdet wie ein Kind. Wie ein Kind lieben. Wie ein Kind vertrauen. Und ihr seid das, wozu ich euch machen möchte.

Wahrnehmung von Unvollkommenheiten

In diesem neuen Leben habe ich gemerkt, dass ich an meinen Mängeln und Unvollkommenheiten mehr leide als bisher. Das geht auch andern so, wie ich immer wieder in Gesprächen erfahre. Gott zeigt uns unseren »Schatten« aber nicht, um uns zu demütigen. Oder uns zu zeigen, welch große Sünder wir sind.

Gott zeigt mir auf diese Weise, was er bei mir weg haben möchte. Vorsätze, besser zu werden, helfen dabei nicht. Vorsätze helfen überhaupt nicht. Im Gegenteil. Ich strenge mich an, meinen Vorsatz zu erfüllen. Vielleicht gelingt er mir einige Male, wenn überhaupt. Dann stellen wir unsere Ohnmacht fest, werden mutlos, kommen uns schlecht vor, schließlich resignieren wir. Das kann Gott nicht wollen.

Der Vater zeigt mir, dass er an mir, mit mir arbeiten möchte. In seinem jetzt größer gewordenen Licht spüre ich meinen Schatten stärker. Ich darf ihm meinen Schatten bringen, in sein Licht stellen, dass er meine Dunkelheiten immer mehr durchdringen kann. So werde ich selber mehr zum Licht. Ihr seid das Licht der Welt.

Ich darf eine Entscheidung treffen, dass ich ihm mehr und mehr meinen Schatten überlasse, dass er daran wirken darf.

Das ist der Sinn der Sache, der Sinn einer größeren Erkenntnis meiner selbst. Das ist ein dauernder Prozess. Gott, der immer mehr zum Vater wird, arbeitet an mir, in mir, mit mir. Ich brauche ihn nur zu lassen, wirken lassen, mich reinigen lassen.

Er will, dass ich mit meiner Freiheit zulasse, dass er wirken darf. Schließlich will er mich heilen, ja heiligen, um mehr sein Ebenbild zu werden, wozu er mich erschaffen hat. Sein Partner zu werden. Mitarbeiter in seinem Reich.

Anfechtungen und Anfeindungen

Nach einer solchen Gotteserfahrung kommen immer Fragen, Anfechtungen, Angriffe des Bösen. Wenn einer aus einer Halleluja-Stimmung herauskommt, wieder in den Alltag eintaucht, wo es oft gar nicht um Gott geht, sondern um Arbeit, sich durchsetzen, kommen Zweifel: Hast du dir das alles eingebildet? Waren das Spinnereien? Ist das Erlebte wirklich Realität?

So kann man sich alle Geschenke, die Gott einem gegeben hat, wieder rauben lassen. Der Rat eines guten Freundes nach meiner Gottes-Erfahrung hat mir sehr geholfen: Du musst aufpassen. Wenn solche Anfechtungen und Zweifel kommen, dich sofort an Gott wenden, mit jemandem reden.

Hier müssen wir einander helfen: Wenn Dunkelheiten kommen, Zweifel, das mit Gott Erlebte sei alles Unsinn gewesen. Du musst realistisch sein, auch im Glauben. In solchen Situationen ist es wichtig, miteinander zu sprechen, miteinander zu beten.

Direkte Angriffe des Bösen

Bald nach meiner Heilig-Geist-Erfahrung, war ich bei einer Tante im Allgäu. Mitten in der Nacht bin ich aufgewacht, in einer panischen Angst, die ich mir nicht erklären konnte. Ich spürte, da ist jemand im Raum, der mich bedroht. Wie gelähmt lag ich auf meiner Liege, konnte mich nicht bewegen, mit einer entsetzlichen Angst. Ich fing an, in meiner neuen

Sprache zu beten. Es ging nur langsam, schleppend. Ich konnte die neu geschenkte Sprache nur denken. Aber es wurde immer mutiger in mir, die Sprache kam deutlicher, schneller, bis ich mit Stimme vor mich hin betete. Mit der Zeit bekam ich Mut, Licht zu machen und ein bereitliegendes Psalmenheft zu ergreifen.

Ich betete die Psalmen nur so vor mich hin, einen nach dem andern. Langsam verschwand die Bedrohung. Nach etwa einer halben Stunde war der Angriff vorbei.

Erst später kam mir zum Bewusstsein, was hier los war. Der Böse wütet, um das wieder zu zerstören, was Gott uns geschenkt hat.

Nicht mehr ganz so intensiv kam das noch mehrmals vor.

Andere Personen mit ähnlichen Erfahrungen konnte ich verstehen und ihnen helfen.

Zweifel

In der Apostelgeschichte spiegelt sich ein Großteil der Anfangsgeschichte der Kirche.

Ich habe mir einmal die Mühe gemacht, die Apostelgeschichte ganz, im Zusammenhang, durchzulesen und alle Stellen, wo der Heilige Geist vorkommt, anzustreichen. Es gibt keine Seite, wo nicht mindestens einmal oder mehrmals der Heilige Geist vorkommt. Vom Heiligen Geist geführt, in der Kraft des Heiligen Geistes … . Wenn Gott den Heiligen Geist gebraucht hat, die Kirche zu gründen, dann braucht Er Ihn auch, die Kirche zu erhalten, zu einer neuen Blüte zu führen.

Suche nach Gleichgesinnten

Einsam herumzusitzen mit seinem Halleluja-Gefühl, mit einem neuen Gottesbild im Herzen, mit dem Erlebnis, ein neuer Mensch zu sein – das geht nicht.

Glauben lebt immer in Gemeinschaft und von ihr. Christlich leben kann man nur mit Gleichgesinnten.

Da gibt es Probleme für einen sogenannten Weltgeistlichen. Ich hatte damals über lange Jahre eine starke Sehnsucht ins Kloster zu gehen oder in die Wüste, in die Einsamkeit. Damals betete ich, gegen Ende meines Lebens Einsiedler werden zu dürfen. Ich träumte davon, eine Schnittlauchplantage anzulegen, deren Produkte ich auf einem Markt verkaufen könnte, zum Bestreiten meines Lebensunterhalts.

Als Weltpriester kommen so viele Dinge auf einen zu, in der Schule, in Gesprächen, in Beichten (als Kaplan saß ich sechs Stunden Beichte hören – das waren noch Zeiten; heute wartest du 6 Stunden, bis einer kommt). Mit der Absolution ist eine Beichte noch nicht erledigt. Da musst du noch beten für all diese Leute. Das wird irgendwann alles zu viel. In mir entstand die Sehnsucht, ein zwei Tage Zeit zu haben, um alles im Gebet, im Sein mit Gott, aufarbeiten zu können.

In diesem Kontext ist mir neu aufgegangen, welch großer Wert, welch großer Segen für die Kirche die Kontemplativen sind. Die tun das, wofür wir draußen kaum Zeit haben. Actio und Contemplatio ergänzen sich in der Kirche. Das ist der Sinn. Ihr Hintragen, ihr Hinhalten, Ihr Mitleiden mit denen draußen ergänzt sich, zeigt, dass wir einander in der Kirche brauchen, um fruchtbar wirken zu können.

Ein Gebetskreis, eine Gruppe, die einen trägt und führt in einer solch neuen Erfahrung ist sehr wichtig.

Ich lebte allein in meinem Pfarrhaus, bekam aber viel Besuch, auch von charismatischen Freunden dieser Ersterfahrung.

Endlich kannst du reden. Wir sprachen über unsere Erfahrungen mit Gott, wie wir mit diesem und jenem umgehen. Das war eine Wohltat, über sein Inneres sprechen zu können. Nach Stunden merkte ich, dass ich ständig am Reden war: Nachholbedarf. Austausch ist wichtig, ja lebensnotwendig. Er mündet ein in Gebet und Lobpreis auf das Erbarmen Gottes. Eine Erfahrung, dass die Gemeinschaft für ein Leben mit Gott notwendig ist.

Die schlimmste Art von Einsamkeit ist, nicht verstanden zu werden. Mit dem, was man den andern bringen möchte, Ablehnung zu erfahren. Suche nach Gleichgesinnten.

Korea

1973 – In den Monaten August-September, nach meinem Abschluss in Theologie, flog ich nach Korea. Ziel war die Missionsarbeit meines Freundes, Pfarrer Anton Trauner, koreanisch Ha-Shinbunim, geboren in Wertingen wie ich, kennen zu lernen.

1958, nach seiner Priesterweihe in Ingolstadt und Primiz am Marienbrunnen auf dem Marktplatz in seiner Heimat Wertingen, ging er als Missionar nach Süd-Korea.

Ich blieb mit ihm in Briefkontakt. Immer wieder erzählte er mir von seiner fruchtbaren Arbeit.

Kardinal Ratzinger sogar bezeichnet in einem seiner Bücher (Das Salz der Erde?) die koreanische Kirche als die blühendste der Gegenwart.

Ich wollte diese Art Kirche kennenlernen, nicht zuletzt als Hilfe für meine Berufsentscheidung.

Die mich näher kennen, sagten zu mir, Korea habe mich verändert.

Gleich in den ersten Tagen nahm mich Pfarrer Trauner (Toni) mit in eine Prayer-Group, einen Gebetskreis, wie wir in Deutschland sagen. Herzliche Begrüßung aller Eingetroffenen, eine Benediktinerin aus der Schweiz, ein US-Militärpfarrer, ein Padre aus Italien, ein Mary-Knoll-Father aus den USA, zwei deutsche Schwestern aus einem selbst gegründeten Heim mit handwerklicher Ausbildung für Waisen, Father Trauner und ich.

Jeder wurde vorgestellt. Natürlich auch ich. Eine ungewöhnliche Herzlichkeit und Fröhlichkeit. Endlich saßen alle im Kreis. Es wurde gesungen und gebetet wie ich es noch nie erlebt hatte. Schließlich betete eine deutsche Schwester auch für mich. In freien Worten betete sie, sprach meine Anliegen an, dass ich meinen Weg finde …. Ich kam mir vor wie auf meiner eigenen Beerdigung. Solch freies Gebet, wie man es nannte, hatte ich vorher noch nie erlebt. Es ging mir irgendwie nahe, fast zu nahe. Es war ungewohnt. Aber irgendwie auch befreiend. Die beten nicht am Leben vorbei, etwas ganz anderes, als einen betrifft. Diese (geistlichen) Personen, Missionare, machten ihr tägliches Leben zum Gebet. Im Reden mit Gott kommt das Leben vor, das Leben der andern, ihre Probleme, Anliegen, Sorgen. Auch mein Leben kommt vor, ganz selbstverständlich. Ich war beeindruckt. Irgendwann ging man wieder weiter. Einige haben mich eingeladen, auch sie zu besuchen. Mehreren Personen begegnete ich nochmals während meines Korea-Aufenthalts.

Tag der koreanischen Martyrer
Mein schönster Tag in Korea – aus meinem Reisetagebuch
1973 – 26. September
Mit meinem Freund, dem Korea-Toni, wie ich ihn oft nenne, fuhr ich per Taxi Richtung Seoul, bis zum Stadtrand von Pusan. Das letzte Stück gingen wir zu Fuß, weil es in die Felder ging. Auf einem kleinen freien Platz war ein Altartisch aufgestellt, überspannt von einem Zeltdach. Um den Altar standen etwa 40 Priester verschiedener Nationalitäten, die Priester des Bistums Pusan mit ihrem Bischof, Gabriel Lee, bekleidet mit rotem Messgewand, der Farbe der Martyrer.

Der Altar war neben drei mit Gras bewachsenen Erdhügeln aufgebaut, die Gräber von drei Männern, die während der zweiten Verfolgungswelle um 1868 hier hingerichtet wurden. Die drei Martyrer-Gräber waren umgeben von einem erhöhten halboffenen Rondell, von Büschen bewachsen. In der Mitte des Rondells war ein großes Kreuz aufgerichtet. Über jedem Grab eine Schrifttafel mit malerischen koreanischen Schriftzeichen, den wichtigsten Daten der drei Martyrer. Einen Namen der drei konnte ich in Erfahrung bringen: Martin Yang (1819 – 1868), Bürgermeister des benachbarten Ortes Dong-Rae.

Am Fuß des Altars waren die Christen in ihren Festtagskleidern versammelt. Die Frauen in ihren typisch bunten langen Kleidern. Auffallend viele Schwestern. Ihr Gesang war ergreifend, besonders am Ende der Eucharistie das koreanische »Großer Gott, wir loben dich«. Ich hatte es schon öfter gehört bei besonderen Anlässen.

Bischof Gabriel predigte, dass die Menschen materiellen Werten den Vorzug geben gegenüber ideellen Werten. Das wahre Glück und Heil der Menschen bestehe aber in der Verwirklichung ideeller Werte.

Nach der Eucharistiefeier versammelten sich die Leute in kleinen Gruppen und hielten Picknick mit ihrem in bunten Tüchern oder Tüten Mitgebrachten, Reis, Eier … .

Viele beteten noch an den Gräbern. Toni rief mich an den Altar, wo ich verschiedenen Priestern vorgestellt wurde, unter anderem Father Slaby, ein Mary-Knoll-Missionar, aus einer Missionskongregation in den USA mit vielen Mitgliedern. Ich kannte ihn schon von der prayer-group. Der Amerikaner schlug vor, an den Gräbern für mich zu beten. Wir gingen zu den Gräbern. Die beiden nahmen mich in die Mitte. Sie legten ihre Hände auf meine Schultern. Auf der anderen Seite von Father Slaby kam noch ein kleines Mädchen aus seiner Pfarrei dazu, auf die er seinen anderen Arm legte und ebenfalls für sie betete.

Die beiden Missionare beteten für mich an den Gräbern koreanischer Martyrer, die ihr Leben geringer achteten als ihren Glauben an Christus. Umgeben von koreanischen Christen, Priestern und sogar dem Bischof, dem zweiten der Diözese Pusan, der zweitgrößten Stadt Koreas.

Die beiden Priester beteten ganz frei aus ihrem Herzen. Alles was sie von mir wussten, wurde ins Gebet gebracht. Dann war ich an der Reihe. In Englisch betete ich für alles, was mir einfiel. Für Kirche und Christen in Korea, für meine vielen Freunde hier aus diesem religiösen Volk. Für die Priester hier in Korea, zuhause in der Heimat, für unsere Familien und für alle Menschen, die mir nahe standen. Besonders um den Heiligen Geist, den ich hier im Licht des Ostens, wie dieses schöne Land genannt wird, kennen zu lernen begonnen habe. Dass er mich den Willen Gottes erkennen und besonders ihm folgen lässt. Mit dem »Vaterunser« schlossen wir unser für mich ergreifendes Beten ab.

Der Amerikaner-Father wurde zum Abendessen eingeladen. Unsere Elisabeth, die Pfarrhausfrau, die den Reis zum Picknick für uns mit hatte, war nirgends zu sehen. So gingen wir einfach in ein nahes Restaurant zum Mittagessen. Anschließend machten wir einen Spaziergang mit einem jungen Pärchen aus der Pfarrei durch den reizend angelegten Botanischen Garten. Häuser mit Strohdächern. Ein keines Mädchen wusch Wäsche an einem Bach, der sich zwischen großen Steinblöcken durchschlängelte.

Taufe mit dem Heiligen Geist

Zum Abendessen kam Father Slaby. Er erzählte seine Geschichte, besonders die Geschichte seines Priesterseins. Ganz ähnlich wie meine, auch wenn ich noch nicht Priester war.

Nach dem Essen wollten sie mich mit dem Heiligen Geist taufen, wie sie es ausdrückten. Ob ich daran glaube, fragten sie mich. Natürlich glaube ich an den Heiligen Geist. Ich sollte mich auf einen Stuhl setzen. Ich setzte mich. Die andern standen herum. Ich kam mir vor wie bei einer Teufelsaustreibung. Vorher hatte Toni die andern wissen lassen: den hat die Liebe ergriffen. Darauf ich: Und ihr wollt sie mir austreiben?! Lachen: Nicht austreiben … .

Ich sträubte mich wohl etwas. Grinste wohl auch, unsicher in dieser Situation. Der Amerikaner wurde etwas ungehalten. Wenn ich nicht wolle, würden sie für mich natürlich nicht beten. Sie wollten mich »happy« machen, nicht sich. Ich sagte, sie könnten ruhig beten. Aber das sei für mich eine etwas ungewohnte Situation. Darauf Trauner: Ha, ungewohnte Situation … . Wenn du jetzt mit dem Schiff nach Japan fährst und es kommt ein Sturm auf, dann hast du auch eine ungewohnte Situation. Ich wollte mich lieber niederknien, statt zu sitzen. Okay.

Da kam eine Frau die Treppe hoch. Maria aus Masan, eine Österreicherin. Sie arbeitet in einem Krankenhaus in Masan. Sie wurde herzlich begrüßt und als Engel im rechten Augenblick willkommen geheißen. Männer, sogar Priester, sind offensichtlich froh, wenn ihnen in einer beklemmenden Situation eine Frau zu Hilfe kommt.

Jetzt gab es kein Pardon mehr. Ich kniete im Raum. Die Priester, Maria und Margarete, Katechistin und eifrige Beterin, legten mir ihre Hände auf Kopf und Schultern.

Ich musste die Hände aufheben, »to receive the Holy Spirit« (Slaby). Sie beteten. Jeder sprach ein langes Gebet, englisch, deutsch, koreanisch. Wenn einer laut zu beten aufhörte, betete er leise weiter. Maria fing zu weinen an. Ich kniete da, die Hände erhoben, Augen geschlossen, versuchte ruhig zu werden, mich zu öffnen. Seltsames Gefühl. Zum Schluss war ich dran. Ich weiß nicht mehr, was ich betete. Ich glaube, in etwa dasselbe wie vormittags an den Gräbern: um Erleuchtung, den Geist der Botschaft Christi, den Willen Gottes zu tun. Auch Personen erwähnte ich.

Einer stimmte das »Veni Sancte Spiritus« an, das klappte aber nicht recht. Wir beteten noch ein gemeinsames Gebet. Dann war es vorbei.

Wir setzten uns wieder zusammen. Toni fragte mich im Laufe des Gesprächs, ob ich ein Erlebnis gehabt hätte. Meine Antwort: Vielleicht kommts noch.

Maria wollte Trauner für eine Marienprozession in ihrem Hospital gewinnen. Da die koreanischen Priester nicht in diese Richtung zögen, die Kranken dies aber wollten. Als sie überlegt hatte, ob sie schreiben oder anrufen oder hinfahren sollte, sagte sie sich: Nein, ich muss da hinfahren. Und so war sie da, von Masan nach Pusan.

Im lockeren, fröhlichen Gespräch erfuhr ich, dass Kardinal Kim, noch als Bischof von Masan, jetzt der Erzbischof von Seoul, von Maria gesagt habe, von ihr könnten seine Priester lernen, was Glauben heißt.

Das war mein erstes Gebet um die Taufe im Heiligen Geist, bei dem ich nichts erlebte, nichts spürte, nicht »happy« wurde … .

Am gleichen Abend war noch eine Taufe von 17 Kindern und Erwachsenen in der Kirche, woran ich natürlich teilnahm und zum obligatorischen Gruppenfoto gebeten wurde. Dem jüngsten neugetauften Mädchen schenkte ich mein letztes Ulrichskreuz, das ich aus der Heimat mitgebracht hatte.

Mein letzter Tag in Korea. Der schönste Tag in Korea. Voller Erlebnisse. Voller Esprit. Große Priester. Ein großes Volk.

Wie sag ich's meinem Kinde?

Taizé

Für mich als Priester bestand die Schwierigkeit, wie ich meine Erlebnisse mit Gott weitergeben könnte, ohne einen Menschen zu überfordern. Da trägst du etwas mit dir herum, so große und schöne Erfahrungen. Aber wie soll ich das mitteilen. Wie kann ich arbeiten und wirken, damit das rüberkommt.

Mit Jugendlichen, später auch mit interessierten Erwachsenen fuhr ich die ersten Jahre nach Taizé.

Das war immer eine schöne Fahrt mit Privatautos, zunächst ins Elsass, mittags in Colmar, das Museum unter den Linden anschauen, dann weiter durch interessante Städte wie Dijon, Tournus in den kleinen Ort Taizé.

Dort ging es sehr nüchtern zu. Das täglich treue Gebet, der Erfahrungsaustausch in Gruppen, wo die Jungen so etwas wie Heimat während dieser Tage finden konnten, die Stille während des Betens … das machte Eindruck.

Auf dem Nachhauseweg nahmen wir die Südroute über Ars, wo wir den berühmten heiligen Pfarrer Johannes Maria Vianney besuchten, am Altar seines Schreines eine Eucharistie feierten und weiter fuhren durch die französische Schweiz. Dort jedes Mal eine andere Stadt besichtigten, Bern, Zürich, Lausanne, St. Gallen … . Nach einer Brotzeit mit frisch gebackenem Leberkäs und Brezeln beim Fidelisbäck in Wangen landeten wir wieder zuhause.

Übrigens, der jetzige Prior von Taizé, Frère Alois ist in meiner letzten Pfarrei Ehingen am Ries geboren und in der Simultankirche getauft worden. Das Grab seines Großvaters, Alois Löser, existierte bis vor kurzem noch auf der Nordseite der Kirche. Noch während seiner Kindheit zog die Familie nach Stuttgart, wie viele damals, wegen chancenreicheren Arbeitsmöglichkeiten. Zu seiner Ernennung zum Prior gratulierte ich ihm. In seiner Antwort verriet er, dass er vor seinem Eintritt in der

Communité in Taizé nochmals Ehingen besuchte und die Orte seiner Kindheit aufsuchte.

Er erinnerte sich noch gerne ans Gänsehüten. Gänse-Zucht und Gänse-Scharen galten in seiner Kindheit als Markenzeichen für das Ries. Heute ist es die Schweinezucht.

Ich erinnere mich an meine ersten Taizé-Fahrten, als wir Frère Alois als jungem Mönch vor der großen Kirche begegneten.

Er begleitete damals mit einigen wenigen Brüdern das sog. »Konzil der Jugend«.

Predigten

Durch die Art der Predigt wurden manche hellhörig. Der predigt anders als die andern. Jemand sagte über mich, was mir wieder zu Ohren gekommen ist: Der neue Pfarrer nimmt seine Sache noch ernst.

Allerhand Neues fing ich an in der Pfarrei. Neben vielem anderen den Herz-Jesu-Freitag, Anbetung nach dem Abendgottesdienst bis Mitternacht, wobei ich natürlich immer anwesend war und die Anbetung leitete.

Später kam ich drauf, dass wir die Anbetung während des Tages halten könnten. Am Morgen um 9 Uhr setzten wir das Allerheiligste aus. Dann ging ich mit einem Kommunionhelfer in die Häuser zu den Kranken, um ihnen die Kommunion zu bringen. Abends vor der Abendmesse eine Andacht und der Segen.

Immer mehr Menschen kamen zu einem persönlichen Gespräch über ihren Glauben, über ihre Nöte. Nach jedem Gespräch betete ich mit der Person, ganz frei in persönlichen Worten. Dabei kam gerade im Beten oft die Lösung, nicht selten Tränen, mit denen sich der Kloß lösen konnte, so etwas wie Befreiung möglich wurde, Befreiung von einer drückenden Last.

Auf diese Weise lehrte ich die Leute, wie sie selber mit ihren Sorgen und Nöten sich an Gott wenden konnten.

Auch von auswärts kamen immer mehr Leute.

Ein neuer Anfang

1982 – Gegen Ende des Jahres feierten wir den Abschluss der Gesamtrenovierung der Kirche mit Bischof Josef Stimpfle.

Vorher wollte ich die Altarweihe nutzen, die Gemeinde geistlich auf diese Feier vorzubereiten, mit dem Motto: Die Erneuerung der Kirche aus Steinen ist abgeschlossen – die Erneuerung der Kirche aus Menschen beginnt. Mehrere Gastredner sprachen über Maria, Mission heute und anderes. Als Abschluss der Vorbereitung lud ich einen jungen Jesuiten ein, sich mit den Jugendlichen zu beschäftigen. Die kirchlichen Jugendlichen hatten alle Jugendlichen des Dorfes besucht und persönlich eingeladen.

In der Aula der Schule trafen wir uns. Der Jesuit kam mit einer Jugendband, sprach über seinen neu gefunden Glauben …. Als Abschluss feierten wir eine schöne, lebendige Eucharistie in der Kirche mit großer Predigt. Im Abschlussgottesdienst am Sonntag wollte ich etwas Besonderes machen. Ich wusste nicht, was. Der Pater mit seinen Jugendlichen musste vorher wieder weg.

Irgendwie kam ich mit einigen alten Leuten ins Gespräch, die nach der Krankensalbung fragten. Vorher war eine alte Frau unerwartet gestorben. Das rüttelte einige wach, Richtung Ewigkeit.

Das war die Idee. Ich bot im Abschlussgottesdienst, dem normalen Sonntagsgottesdienst, nach einer motivierenden Predigt die Möglichkeit zur Krankensalbung an. Zwei Kandidatinnen hatte ich schon dafür gewonnen – für alle Fälle.

Ich bat alle, die kommen wollten, in der ersten Bank Platz zu nehmen. Mit geschlossenen Augen betete ich für jeden Einzelnen mit Handauflegung. Dann spendete ich die Krankensalbung.

Als ich einmal aufblickte, stand der ganze Mittelgang voll von Leuten, die das Sakrament wollten. Hinterher bekam ich schöne Reaktionen. Eine kurz zuvor Witwe gewordene Frau hatte die innere Anregung, in ihre Trauer hinein sich dieses Sakrament spenden zu lassen. Sie erfuhr eine große Tröstung, einen tiefen inneren Frieden.

1983 – Auf dieses Neue hin kamen immer mehr Leute, die irgendwie angesprochen waren.

Ein junger Mann, ehemals bei Scientology, kam und wollte mehr von Jesus wissen. Jeden Freitag lud ich ihn ein zum Bibellesen. Ich nahm immer das Evangelium vom kommenden Sonntag. Das war zugleich meine Predigtvorbereitung.

Später kam eine junge Frau mit Eheproblemen. Auch mit ihr sprach ich über das Sonntagsevangelium. Ebenso eine ältere Evangelische, die später konvertierte. Schließlich schlug ich allen vor, ob sie nicht bereit wären, mit anderen zusammen das gleiche zu tun. Alle waren einverstanden: Der erste Bibelkreis, dem noch 40 folgen sollten.

Etwas Neues

Immer neue Leute kamen zu dem Kreis. Wir sangen zunächst die neuen charismatischen Lieder aus dem blauen Liederbuch, später auch aus dem gelben. Wir ließen einander von unseren Erlebnissen der vergangenen Woche wissen. Schließlich nahmen wir uns den Bibeltext vor.

Einige neue Frauen kamen hinzu. In persönlichen Gesprächen machte ich sie auf unsere Gruppe aufmerksam.

Schließlich kamen einige Frauen aus benachbarten Pfarreien. Sie seien auf einem Treffen gewesen mit Bibelinteressierten. Ich meine, es wäre »Christus mal 365« gewesen, gegründet von Pater Leppich. Sie sprachen den leitenden Pater an. Es wäre immer so weit, zu solchen Seminaren zu fahren. Ob er nicht jemanden kenne, der in ihrer Nähe so etwas mache. Der Jesuiten-Pater kannte mich und schickte sie zu mir.

Irgendwie fühlte ich, da kommt etwas auf mich zu. Da ist der Heilige Geist am Wirken. Ich dachte sofort an ein Bibelseminar. Aber ich kann das doch nicht. Vielleicht die gescheiten Jesuiten. Aber ich einfältiger Dorfpfarrer doch nicht.

Wir vereinbarten einen möglichen Termin für ein solches Seminar. Ich schob den ziemlich weit hinaus.

Das erste Bibelseminar

1984 – Im Februar war es dann so weit, das erste Bibelseminar, wie wir es anfangs nannten. Ich sorgte für den Inhalt, ein kleines Heft zu kleinem Preis als Vorlage, von Otto Knoch, Thema »Erneuert euren Geist und Sinn« – Eph 4,13; »Leben aus der Kraft des Geistes«.

Die anderen wollten für Teilnehmer sorgen. Diese sollten sich schriftlich anmelden, damit das Ganze eine gewisse Verbindlichkeit bekäme.

Zum ersten Abend kamen genau 99 Teilnehmer, aus der ganzen Gegend.

Wir trafen uns jeden Donnerstag, sieben Wochen lang. Der Donnerstag wurde zum charismatischen Tag in der Gemeinde und blieb es bis zum heutigen Tag.

Der Inhalt dieser Treffen bzw. Seminare: Zunächst natürlich die persönliche Begrüßung. Die Kontakte wuchsen während eines solchen Seminars. Er wurde das, was eine normale christliche Gemeinde sein sollte. Dann Lobpreis mit den Liederbüchern, die wir für alle anschafften. Aus Gitarrespielern, Querflöten, sogar Geigen entstand eine Musikgruppe, deren Mitglieder immer wieder wechselten, sich mit den Jahren aber stabilisierte. Inzwischen gibt es mehrere Jugend-Musikgruppen.

Ein Vortrag von mir als Leiter sollte in das Thema der kommenden Woche einführen.

Während der ersten Seminare hielt ich zu Beginn des Abends einen Rückblick auf die geistlichen Erfahrungen der vergangenen Woche und später am Abend einen Ausblick auf die kommende Woche, also zwei Vorträge jeden Abend.

Mit der Zeit wurde aus dem Rückblick ein Austausch der Teilnehmer in kleinen Gruppen, die von einem Animateur geleitet wurden mit gezielten Fragen. Diese sollten den Teilnehmern helfen, die persönlichen Gebetszeiten zuhause (jeden Tag eine halbe Stunde) möglichst effektiv zu gestalten. Ein solcher Abend dauerte etwa zwei Stunden.

Nur wenige sprangen ab. Sie erfuhren mit der Zeit, dass ihnen diese Stille Zeit, wie viele sie nannten, sehr viel für ihren Alltag bringt.

Wochenende als Abschluss

Das letzte März-Wochenende wollten wir als Abschluss des Seminars in einem Tagungshaus verbringen. Das vorbestellte Haus für etwa 30 Teilnehmer war zu klein.

Etwa 60 Personen wollten mit in dieses Wochenende gehen, sogar Leute, die bisher niemals außerhalb des Dorfes übernachteten.

Kurzfristig mussten wir ein neues Haus suchen. Wir fanden eines im Allgäu bei einer evangelischen Schwesterngemeinschaft. Die Turnhalle war unsere Kapelle, weil die Hauskapelle zu klein war, und auch von den Schwestern gebraucht wurde.

In Vorträgen bereitete ich die Leute auf die Tauferneuerung vor. Anfangs hieß das Lebensübergabe, beeinflusst von freikirchlichem Denken. Ich war aber immer bemüht, gebräuchliche katholische Begriffe zu finden. Für die Ausgießung des Heiligen Geistes, auch ein Begriff aus dem freikirchlichen Raum, sagten wir später Firmerneuerung – am Ende eines Vertiefungsseminars. Natürlich beteten wir dabei kräftig um eine Erfüllung mit dem Heiligen Geist. Der auch seine Wirkungen zeigte.

Abends, während der Anbetung in der Turnhalle, beteten wir fleißig in freiem Gebet, lobten Gott nach Kräften. Ich ermutigte die Leute, in freien Worten ihre Hingabe an Gott auszusprechen. Ich erinnere mich heute noch an bewegende Worte, die da aus den Herzen aufstiegen.

Beim gemeinsamen Gebet der Teilnehmer für den Einzelnen beteten wir auch um die Sprachengabe (oder Zungenrede, vgl. 1 Kor 12,10 und 14). Mehrere bekamen diese Gabe. Andere bekamen andere Gaben, Frieden im Herzen, Versöhnung mit Menschen, Innere Heilung u.a.

Der Schlussgottesdienst am Sonntagvormittag wurde zu einem Fest. Gestärkt und fröhlich kamen alle wieder nach Hause – per Bus.

Seminare

Jedes Jahr fanden zwei Seminare statt: Im Frühjahr, zumeist mit Beginn der Fastenzeit ein Grundseminar. Mit zunehmender Erfahrung auf diesem Gebiet ließen wir zu diesen Seminaren nur neue Teilnehmer zu. Die Erfahreneren überschütteten die Neuen zu sehr mit ihren eigenen Erfahrungen und entsprechenden Ratschlägen, sodass diese eher gehemmt als ermutigt wurden für ihre neuen Schritte.

Die alten Hasen durften bei den Diensten mitmachen, Leitung einer Austauschgruppe, Musikbegleitung, Kassettenaufnahmen, Raum vorbereiten … .

Zur Teilnahme an den Seminaren war immer eine persönliche Anmeldung erwünscht. Aus den Anmeldungen sahen wir, woher die Teilnehmer kamen und konnten bei der Gruppenbildung darauf achten, dass solche, die in ihrer Nähe wohnten, zusammenkamen. So konnten in den verschiedensten Gegenden, bis ins Württembergische hinein, neue Gebets- oder Bibel-Kreise, wie sie sich nennen wollten, entstehen.

Die allermeisten wollten nach einem solchen Seminar weitermachen. Mit dieser Methode brauchten sie nicht weit zu fahren, um an einem Gebetstreffen teilzunehmen. Auf diese Weise sind in der Umgebung dieser Gemeinde nach etwa neun Jahren circa 40 Kreise entstanden.

Während meiner Zeit als Diözesansprecher der Charismatischen Erneuerung (1986–1992, zwei Wahlperioden) kamen wir auf Diözesanebene von 60 übernommenen Kreisen während der sechs Jahre auf 120 Gebetskreise. Das war Spitze in ganz Deutschland.

Bescheiden darf ich dazu sagen, dass das einfach so geworden ist. Die Kreise wurden nicht von mir oder uns gegründet. Sie entstanden einfach.

Immer war ich darauf bedacht, dass die Kreise selbstständig arbeiteten. Ich bildete mir nicht ein, dass das Wohl oder Wachsen oder Befinden dieser erfreulich hohen Zahl an Gebetskreisen von meiner Person abhinge.

Mit den Leitern trafen wir uns in den verschiedenen Regionen, um sie zu ermutigen, offene Fragen zu behandeln. Im Mittelpunkt solcher Treffen standen immer das Miteinander-Beten und die persönliche Begegnung. Zum Schluss für gewöhnlich eine Eucharistiefeier in einer Kirche. Im Herbst fanden die Seminare für die Fortgeschrittenen statt. Sie hatten einen Grundkurs mitgemacht und schon Erfahrung mit ihrer täglichen Stillen Zeit, wenn möglich eine halbe Stunde Bibelbetrachtung und persönliches Gebet.

Die meisten nahmen zusätzlich an einem Gebetskreis teil, der sich je nach Möglichkeit oder Wunsch wöchentlich oder vierzehntägig traf. Von größeren zeitlichen Abständen der Treffen rieten wir ab.

Die weiterführenden Seminare hatten als Ziel die Firmerneuerung, also die Befähigung Zeugnis zu geben von ihrem erneuerten oder neu lebendig gewordenen Glauben an den Auferstandenen Christus.

Die Themen aller Seminare, der Grund- wie der weiterführenden Seminare, waren jeweils anders. Die gleichen Themen wurden nie verwendet.

Im Grunde ging es immer um das Gleiche, wie bei biblischen Exerzitien, näherhin Ignatianischen Exerzitien, für die ich eine zweijährige Ausbildung machte im Rahmen von IMS, Institut für Missionarische Seelsorge der deutschen Orden, mit Sitz in Frankfurt.

Der Kern der Seminare also: Kennenlernen von Jesus Christus, als unserem Retter und Erlöser anhand der Heiligen Schrift.

Aus dem Kennenlernen sollte eine persönliche Beziehung zu unserem Herrn entstehen, eine Liebe zu ihm. Was man nicht kennt, kann man nicht lieben. Kennenlernen ist Voraussetzung von Liebe.

Oder umgekehrt, wo eine Liebe zuerst entstanden ist, folgt logischerweise ein Kennenlernen wollen.

Das ist im Menschlichen so. Erst recht in meiner persönlichen Beziehung zu Gott. Daraus entwickelt sich auch eine neue Gottesbeziehung. Viele Gott-Bilder verändern sich.

Gott wird mir zum Vater – durch meine persönliche Beziehung zu seinem Sohn, den ich als Heiland erfahre. Und natürlich kommt das Erkennen dazu, ja Erfahren des Wirkens des Heiligen Geistes. Eine neue, lebendige Gottesbeziehung, in meinem praktischen Leben erlebbar, als Frau oder Mann.

Themen dieser ersten Seminare:
- Erneuert euren Geist und Sinn – Eph 4,23 – Leben aus der Kraft des Geistes Gottes
- Herr, lehre uns beten – Lk 11,1 – Beten im Geist Gottes
- Dient dem Herrn in Freude – Ps 100,2 – Als Christ leben und Gott loben im Geist der Psalmen
- Abraham glaubte dem Herrn – Gen 15,6 – Gott begegnen mit den Vätern des Glaubens: Abraham, Jakob, Josef, Mose
- Höre Israel, Jahwe, unser Gott ist einzig – Dtn 6,4 – Durch die Propheten Gott erfahren – Mose, Samuel …

Alle herausgegeben von Otto Knoch, erhältlich im Bischöflichen Seelsorgeamt Passau, Tel. 08 51 / 9 31 44-0 (Durchwahl 109; E-Mail: Sr.Franziska.Mitterer@bistum-passau.de).

Ähnliche Hefte gibt es seit einigen Jahren auch in der Diözese Augsburg, Referat Spirituelle Dienste, Tel. 08 21 / 31 98 94-691; E-Mail: spirituelle-dienste@bistum-augsburg.de.

Leitungsteam

Die ersten Seminare organisierte und leitete ich selber. Ich musste mich auch erst in das Neue hineinfinden. Mit der Zeit wurde der Aufwand immer größer, was MitarbeiterInnen erforderte. So entstand ein ganzes Team von MitarbeiterInnen. Mit diesen traf ich mich regelmäßig außerhalb der öffentlichen Veranstaltungen wie Seminare, Gottesdienst, Leitertreffen … . Das Wichtigste bei solchen Treffen war zuerst das Gebet, der Lobpreis. Das Technisch-organisatorische war dann schnell geregelt, zumal alle Beteiligten gerne bereit waren, einen Dienst, welchen auch immer, zu übernehmen. In fortgeschrittenen Jahren übernahmen solche MitarbeiterInnen auch die Vorträge oder Impulse, wie wir gerne sagten.

Impuls als Anregung zu eigenem, selbstständigen Beten und Meditieren. Im Laufe der Zeit hatte ich Mühe, selber noch mit einem Impuls mitmachen zu dürfen. Das war immer mein Bestreben, möglichst viele sogenannte Laien (ich liebe dieses Wort nicht) in die Arbeit mit einzubeziehen, damit sie Geschmack bekämen, am Reich Gottes mitzuwirken, zu erkennen, dies zu können und sogar Freude daran zu haben.

So habe ich im Laufe der Jahre für eine Gemeinde von etwa 2000 katholischen Christen 100 MitarbeiterInnen gewinnen können.

Ein anderes Prinzip war, niemandem zu viel aufzubürden. Nicht immer die gleichen Personen für neue Aufgaben anzusprechen. Für neue Aufgaben bemühte ich mich immer, auch neue Personen zu gewinnen. Dazu brauchte es öfters Motivationsarbeit, mehr oder weniger. Aber ich bekam selten einen Korb.

Diese MitarbeiterInnen kamen auch nie in Konkurrenz zum Pfarrer. Das war nie ein Thema.

Die Teilnehmerzahl an diesen Seminaren lag meistens um die 80 plusminus. Während der Hoch-Zeiten dieser Bewegung belegten die Gruppen der Teilnehmer alle Räume des Pfarrstadls und viele Räume des Pfarrhauses. Außer den Toiletten und Schlafzimmern war alles belegt.

Einige Stimmen aus dem Feedback des Seminars im November 1985:
– Endlich kümmert sich jemand um meine persönliche Beziehung zu
   Gott.
– Ich habe Hunger nach mehr.
– Bisher Wichtiges ist unwichtig geworden.
– Ich habe neuen Glauben bekommen.
– Ich komme schneller in die Gegenwart Gottes.
– Ich habe schon mehrere Bibelkreise (woanders) besucht, habe aber
   in keinem erlebt, dass es so wahrhaftig um Gottes Sache geht.

Ein Bach

springt den Berg herunter,
zerteilt sich
in mehrere Rinnen,
auf den Inseln wächst Gras.

Ein Ort der Stille
inmitten des Parks
voller Autos und Bussen
mit jausenden Gästen.

Ich sitze auf einem Felsblock
am kleinen Wasserfall.
Meine Füße häng` ich
ins fallende Wasser.

Schaue dem Springen,
dem Hüpfen und Spritzen
des Baches nach,
lass mich umfangen.

Die ebenmäßigen Wellen
wie flüssiger Perlmutt,
betont vom dunklen Grün
der bemoosten Felsplatte.

Der Bach schnellt hinunter den Berg.
So lange regnete es nicht.
Doch immer noch kommt
Wasser aus dem Fels.

Der Bach eilt seinen Weg
ganz selbstverständlich.
Er sucht ihn nicht.
Er geht ihn einfach.

Große Steine, Hindernisse,
umspült er einfach.
Er lässt sie liegen,
umeilt sie schnell.

Eine Platte hemmt seinen Fall.
Ein Bündel sprühender Strahlen
lacht belustigt auf
und eilt weiter, neu vereint.

Wasser stürzt aus den Bergen,
durchpulst in Adern die Erde
und bringt ihr das Leben
wie das Blut unserem Leib.

Erneuerung des Taufversprechens

Am Ende unseres ersten Seminars war eine Evangelistin, wie sie sich nannte (abgeleitet vom später aufkommenden Begriff (Neu-) Evangelisation) aus Amerika bei uns zu einem Lobpreis-Gottesdienst (oder Tage des Lobpreises). Dabei wurde nach einem vorausgehenden Wortgottesdienst und Lehre für die Leute gebetet mit Handauflegung.

Nach dem Gottesdienst bemerkte ich der Amerikanerin gegenüber, dass das Beten eine schwere Arbeit war. Schwer und anstrengend. Ich war mir vorgekommen wie ein Ackergaul, der einen schweren Pflug durch schwere Erde zog.

Prompt sagte sie: Da sind viele Leute, die noch keine Lebensübergabe gemacht haben. Ich sollte dies die Leute tun lassen jetzt während des bevorstehenden Abschlusswochenendes.

Lebensübergabe – dieser Begriff kommt aus dem freikirchlichen Bereich, wie andere Ausdrücke auch. Ich versuchte, für solche Begriffe katholische Worte mit gleichem Inhalt zu suchen. Nach beratenden Gesprächen mit Theologen (sogar einem Professor für Theologie) verwendete ich in Zukunft den Begriff Tauferneuerung.

Es wurde üblich, nach jedem Grundseminar Tauferneuerung zu machen, nach jedem Vertiefungsseminar Firmerneuerung zu empfehlen, auch Ehe-, Gelübde- oder Weiheerneuerung. Eigentlich geht es, und dies wäre der korrekte Ausdruck, um die Erneuerung eines Versprechens im sakramentalen Geschehen.

Wie geschieht das?

Anfangs nahmen wir im Rahmen einer frei gestalteten Feier in der Kirche die normale Formel, die bei der Taufe oder auch in der Osternacht verwendet wird: Widersagen vom Bösen und Bekenntnis zum drei-einen Gott.

Später ließen wir die Leute ihre Hingabe an Gott auch frei formulieren. Bei der Ehe-Erneuerung in frei formulierter Zusage an den/die PartnerIn. Dabei kommt es immer wieder zu ergreifenden, bewegenden Worten. Nicht selten mit Tränen.

Eine Jungverheiratete sagte über das miterlebte Neuversprechen älterer Paare:

Das war der schönste Liebesfilm, den ich je gesehen habe.

Damit dieses Neu-Versprechen nicht so anonym – in der Menge – stattfand, baten wir die Leute, die sich dafür entscheiden konnten, herauszutreten aus den Kirchenbänken, vorzukommen zum Altar.

Als alle Entscheidungswilligen vorgetreten waren, begannen wir mit dem Erneuerungsversprechen. Anschließend betete der Priester mit dessen GruppenleiterInnen unter Handauflegung um den Heiligen Geist.

Die Folgen solcher Sakraments-Erneuerung

Je mehr Menschen ihr Taufversprechen erneuerten, desto leichter wurde die Atmosphäre in den Gottesdiensten. Das Predigen fällt leichter. Es ist nicht so schwer und mühsam. Eine frohe Grundstimmung ist festzustellen. Die Menschen sind offener geworden zu Gott, offener auch zueinander.

In den Pfarreien geht es mir ähnlich. Bei den einen geht alles leichter, bei anderen schwer und mühsam, weil die Leute verschlossener sind, wohl auch kritischer, ablehnend. Entsprechend ist das Schicksal einer Predigt. Die einen nehmen alles wohlwollend an. Die andern kommen sofort mit Kritik, was man falsch gesagt hat oder Gutes nicht gesagt hat. (Das wäre ein eigenes Thema.)

Eine weitere Beobachtung ist, dass gerade Jugendliche, die ihre Taufe – auf dem Hintergrund eines Seminars – erneuert haben, sich weiter in dieser Richtung der Erneuerung oder auch sonst in der Kirche engagiert haben – als Musiker, in den Teams der Leitung, des Gebets für andere, sogar Vorträge, Zeugnisse .... Manche sind heute noch dabei, nach 20 Jahren, inzwischen verheiratet mit Kindern.

Die andern sind so nach und nach wieder abgebröckelt oder haben einen neuen Anfang gesetzt.

Nach solchen Feiern fand immer noch ein Fest statt, wenn möglich im Freien, im Pfarrheim oder in einer Pfarrei, auch mal in der Sakristei als Stehempfang mangels anderer Möglichkeiten.

Ein Zeugnis

Wie es mir gelegentlich ergeht, ist mir eine Person von früher in Erinnerung gekommen, die ich einige Zeit begleitet habe. Ich dachte noch, was ist wohl aus ihr geworden. Das würde mich interessieren.

Es dauerte nicht lange, kam ein Brief von ihr, gerade zur Jahrtausendwende, dessen Inhalt mir große Freude brachte, Anlass, dem Vater zu danken:

»14. Januar 2000 – Sie werden sich wahrscheinlich wundern, nach so langer Zeit von mir Post zu bekommen. Doch angeregt durch die Zeit des Jahreswechsels – Rückblick auf die vergangenen Jahre – ist es mir ein Bedürfnis geworden, Ihnen zu schreiben. Am 26. Dezember 1984 habe ich in Illerberg nach einem von Ihnen abgehaltenen Segnungsgottesdienst Jesus mein Herz geöffnet. Wenn ich auf die Jahre dann anschließend zurückschaue, erfüllt mich tiefe Dankbarkeit. Dankbar, weil Sie in meiner Heimat-Pfarrei ausgeholfen haben, in Illerberg mich zu Jesus geführt haben ... Jesus hat mich in all den letzten Jahren seitdem verändert, herausgefordert, mich zu einer Frau Dr. med. gemacht, mir einen gläubigen Mann und zwei Kinder geschenkt, eine Vision für mein Leben geschenkt, mich in meine Sachen reingeführt (Kinder-Lobpreisdienst) ...

Gerne denke ich an die Zeit in Illerberg zurück, die Gottesdienste, Bibelabende. Sie waren für mich ganz wichtige Stationen in meinem Leben! Falls Sie sich nicht mehr an mich erinnern können, nehmen Sie diesen Brief einfach als ein Zeichen der Dankbarkeit von einem Menschen, der durch Ihre Hingabe an Jesus das Leben gefunden hat.«

Dieses Zeugnis spricht für sich selbst. Ich habe mich natürlich sehr darüber gefreut, zumal ich es auch als Gebetserhörung verstehe.

Das Zeugnis ist ein Beweis dafür, dass eine solche Tauferneuerung, also die Übergabe seines Lebens in die Hände Gottes, nicht bedeuten muss, in ein Kloster einzutreten oder beim entsprechenden Geschlecht Priester werden zu müssen, sondern seine ihm eigene Berufung zu finden. Die Phantasie des Schöpfers ist nicht beschränkt auf Nonnen und Priester, sonst wären die Menschheit und die Kirche längst ausgestorben.

Auf den Punkt gebracht

Erwachsen werden heißt
sein Leben selbst
in die Hand nehmen.

Getauft werden heißt
eigenes Denken und Planen
in die Hand Gottes geben.

Als Kinder Getaufte
müssen wir diesen Schritt –
erwachsen – nachholen:

Gott ist Herr über mein Leben.
So bin ich Sein Jünger.
So bin ich – mündiger – Christ.

Charismatische Eucharistie

Lange haben wir überlegt, wie wir diesen Gottesdienst zur Unterscheidung von anderen, normalen Gottesdiensten bzw. Eucharistiefeiern nennen sollten, etwa: »Eucharistie mit charismatischen Elementen« oder »Eucharistie zur Glaubenserneuerung«.

Keinesfalls wollte ich ihn »Heilungs-Gottesdienst« nennen oder »Eucharistie der Charismatischen Erneuerung«. Das hätte andere ausgeschlossen.

Natürlich sprachen sich die Erlebnisse des Seminars und besonders des eindrucksvollen Wochenendes im Dorf herum, ja in der ganzen Gegend. Bei dem restlichen Drittel der zuhause gebliebenen Seminar-Teilnehmer kam so etwas wie (geistlicher) Neid auf.

Eine ältere Dame, die an diesem Wochenende nicht teilnehmen konnte, sagte mir so auf dem Weg von der Kirche zum Pfarrheim – ich habe noch genau die Stelle in Erinnerung, ein Schlüsselerlebnis – als die Rede auf diesen Seminar-Abschluss kam:

Und für eis duat ma nix – Und für uns tut man nichts?!

Meine spontane Reaktion: Dann halten wir halt nochmals eine Eucharistie in der Kirche für alle Teilnehmer, damit die am Wochenende Verhinderten auch etwas haben.

Wir setzten den Termin gleich für den kommenden Freitagabend fest, 30. März 1984. Die ersten paar Bankreihen waren besetzt. Viele Seminarteilnehmer kamen. Trotzdem waren es wenige Leute. Da hatte ich plötzlich den inneren Eindruck: Bei diesem Gottesdienst wird künftig die Kirche voll besetzt sein. Ein Wunschtraum?

Das war die Geburtsstunde der »Charismatischen Eucharistie«. Später nannten wir sie »Eucharistie zur Erneuerung des Glaubens«.

Ab 30. September 1984 war jeden letzten Donnerstag im Monat dieser Gottesdienst – bis heute.

Gäste bei diesem Gottesdienst

Öfters hatten wir auch Gäste aus dem charismatischen Geistesraum, als Hauptzelebranten zum Zeugnisgeben oder Predigen.

1989, am 30. November, feierte unser Diözesanbischof Josef Stimpfle mit uns diesen Gottesdienst. Ich wollte unseren Bischof diese Art Gottesdienst prüfen lassen. In seiner viel beachteten Predigt, kurz nach einer Diözesan-Pilgerfahrt in die damalige Sowjetunion, sprach er begeistert vom nahen Zusammenbruch des Kommunismus, was uns damals noch unmöglich erschien.

1990, am 31. Mai, gab uns Abt Odilo Lechner OSB aus St. Bonifaz, München, die Ehre und war ganz begeistert, dass in einem solch kleinen unbekannten Dorf solche Gottesdienste möglich sind. Vormittags hatte er den Firmlingen der Pfarrei das Sakrament des Heiligen Geistes gespendet. Beim Firmausflug nach Andechs wusste schon der Pförtner, dass sein Abt bei uns einen schönen Gottesdienst mitgefeiert hat.

1989, am 27. April, sprach ein in Lourdes Geheilter, der Lothringer Joseph Charpentier, begleitet von seinem Seelsorger, Père Michel Beer, in diesem Gottesdienst über seine Krankengeschichte und seine Spontanheilung während eines Krankengottesdienstes im Jahr zuvor bei einem internationalen Treffen der Gemeinschaft der Seligpreisungen. Ein Bus mit Teilnehmern aus der Pfarrei und Umgebung war Augen und Ohrenzeuge dieser Heilung und noch anderer. Diese Ereignisse gingen damals auch durch die deutschen Medien.

Benediktinerpater Lukas Ballweg, anfangs noch in London stationiert, später aus seiner Heimatabtei Münsterschwarzach, war öfters bei einem solchen Gottesdienst zu Gast.

Eine ursprünglich protestantische Pastorin aus USA kam jedes Jahr zweimal in die Gemeinde, sprach über ihre reichen, auch ökumenischen, internationalen Erfahrungen. Später konvertierte sie zur katholischen Kirche.

1991, am 31. August, hatten wir einen Afrikamissionar, Mariannhiller Pater Sales Sapper und einen Pfarrer aus Thüringen als Prediger zu Gast.

Auch Patres verschiedener Orden und Pfarrer aus Bayern, Württemberg, sogar Tirol, waren gern gesehene Prediger bei diesem Gottesdienst.

Einmal war ein Novizenmeister mit all seinen Novizen bei unserer charismatischen Eucharistie bzw. Eucharistie zur Glaubens-Erneuerung. Die bekannte Ordensschwester Dr. Lea Ackermann, eine Studienkollegin aus meiner Münchner Zeit, sprach einmal über ihren Kampf gegen Sextourismus in Kenia.

Inhalt dieser Gottesdienste

Eine Stunde vor Beginn der Eucharistie war Anbetung vor dem ausgesetzten Allerheiligsten, zunächst in Stille, in der zweiten Hälfte beteten wir den Rosenkranz.

Während der normalen, katholischen Eucharistie ließen wir uns bei verschiedenen Teilen Zeit, etwa beim Bußakt, wo der leitende Priester in Gebetsform verschiedene Möglichkeiten darstellte, wofür die Anwesenden Gott um Verzeihung bitten könnten.

Nach der Vergebung war ein längeres Gloria, ein Lobpreis auf das eben erfahrene Erbarmen Gottes – in mehreren Liedern, nicht selten mündend in Sprachengebet. Unbedarfte Teilnehmer nannten dies Glockenklang, oder eine solche Harmonie kann man nicht künstlich machen … .

In der Predigt griff ich immer Eindrücke des Leitungsteams auf, das sich vor Beginn der Anbetung traf zu betender Vorbereitung auf den Gottesdienst. Nach der Wandlung hielten wir eine stille Anbetung vor dem soeben Fleisch und Blut gewordenen Erlöser.

Die Kommunion teilten wir in beiden Gestalten aus. Mehrere Kelche waren im Altarraum bereit.

Nach der Kommunion war eine längere Gebetsstille, vielleicht unterbrochen von einem Heilungsgebet oder gedeuteten inneren Bildern aus dem Leitungsteam, Verheißungen, Prophetien.

Nach dem Segen des Priesters war wieder Aussetzung des Allerheiligsten. Anschließend Möglichkeit zu Gebet in persönlichen Anliegen bei mehreren Gebetsteams, die sich auf einer Seite des Chorraums aufgestellt hatten. Auf der anderen Seite saßen mehrere Priester neben einem leeren Stuhl und warteten auf Beichtwillige.

Die Eucharistie dauerte für gewöhnlich eineinhalb Stunden. Gebet und Beichtmöglichkeit nochmals so lange. Am Schluss wurde der eucharistische Segen erteilt. Zu diesem Zeitpunkt war die Kirche schon ziemlich leer.

Eine Musik- und Sing-Gruppe begleitete die ganze Gebetszeit mit Liedern des Lobpreises und der Anbetung, mit Folien auf eine Leinwand projiziert. Dieser Gebetspegel bildete den Schutz für das, was gesprochen und gebetet wurde.

Anschließend trafen sich alle MitarbeiterInnen im Pfarrstadl zu einem gemeinsamen, einfachen Essen, gewissermaßen eine Agape, ein Zusammensein nach vollbrachter Arbeit. Ein Ehepaar war zu diesem Dienst bereit, den sie immer noch ausüben.

Mit der Zeit wurden verschiedene Dienste notwendig, etwa der Empfang der Leute, die zum Gottesdienst kamen, dass jeder soweit möglich einen Platz bekam.

Im Vorraum der Kirche wurden aktuelle geistliche Bücher und Kassetten von Predigten, Vorträgen und Gottesdiensten angeboten. Eine Leihbücherei mit geistlichen Werken stand im Pfarrstadl zur Verfügung. Die Kollekte war immer für einen vorher angesagten sozialen Zweck, einige Male für neue Krankenhäuser und Kirchen in China, ein mutiges Projekt von Erzabt Wolf von St. Ottilien.

Die Hagelmesse

1992, der Gottesdienst unmittelbar vor Pfingsten. Alles war wie immer. Gegen Ende des Gottesdienstes, schon war das Allerheiligste ausgesetzt, begann ein gewaltiges Gewitter mit Blitzen und Donnerschlägen, dass einem unheimlich wurde.

Ich erkannte die Situation und wandte mich sofort dem Herrn in der Monstranz auf dem Hochaltar zu. Der ganze Altardienst mit. Wir begannen mit Lobpreisliedern. Ich rief alle Heiligen an, die mir einfielen. Es hagelte. Die Hagelkörner mussten waagrecht von Norden auf die Fensterscheiben prasseln. Auf einmal hörte man Glas splittern. Sogar auf den Altar fielen Scherben. Wir bestürmten den ganzen Himmel. Die ganze Kirche war voller Lobpreis, ein einziger Lobpreis. Plötzlich hörte ich hinter mir, dass die Leute im Kirchenschiff unruhig wurden. Ich schaute um und sah, dass die Leute begannen, die Kirche zu verlassen. Sie hatten Angst bekommen. Später hörte ich, dass Glasscherben der Butzenscheibe von den Kirchenfenstern auf die Leute herunterfielen. Ich machte die Leute darauf aufmerksam, sie sollten ruhig auf ihren Plätzen bleiben. Hier wären sie sicherer, als wenn sie ins Freie gingen. Gehorsam kehrten sie wieder auf ihre Plätze zurück, etwas weggerückt von den Fenstern. Die Kirchenbänke reichten bis zu den Wänden.

Irgendwann ließ das Gewitter nach. Wir taten weiter unseren Dienst. Ich selber verließ die Kirche, um nachzusehen, was das Unwetter angerichtet habe. Mit meinen Sommerschuhen stapfte ich durch eine Hagelschicht von etwa zehn Zentimetern. Das Dorf stand voller parkender Autos wie gewöhnlich am letzten Donnerstag im Monat.

Einige Personen traten auf mich zu, eine Frau in Sorge um ihr neues Auto. Ich sah, dass der Gipfel des nahen Maibaumes abgerissen war. Ein Mann bemerkte, mit etwas Galgenhumor, er hätte sein Auto direkt unter dem Maibaum geparkt. Du lieber Himmel. Der Gipfel konnte auf die Straße gefallen sein, einen Autobahnzubringer. Ich suchte nach dem Gipfel. Er war nirgends zu finden. Tags darauf suchte ich in einem benachbarten Garten. Da lag der Gipfel, über die Straße geweht mit einer weichen Landung in den Beersträuchern.

Den Autos hatte es überhaupt nichts gemacht, keine Hageldellen, an keinem Auto, auch nicht an dem Neuen, wie ich eigens noch informiert wurde.

Am Morgen nach dem Gottesdienst fand ich vor dem Pfarrhaus noch zu Eisklumpen verdichtete Hagelkörner.

Sonst war nichts passiert.

Gebetskreise

Leben in solchen Kreisen

In Gebetskreisen trafen sich zumeist wöchentlich etwa 10 bis 15 Personen. Die meisten hatten schon wenigstens ein Seminar mitgemacht. Immer wieder kamen Neue dazu, die irgendwann ebenfalls ein Seminar mitmachten.

Am Anfang eines solchen Abends stand immer Lobpreis, Singen von mehreren Liedern aus eigenen Liederbüchern. Das Singen hatte den Zweck, besser und schneller in die Gegenwart Gottes zu kommen, die irgendwann spürbar wurde. Das Singen ging in persönlichen Lobpreis in freiem Gebet der Teilnehmer über, ein Dank für ein zurückliegendes Ereignis, Dank für eine Gebetserhörung ...

Danach befasste sich die Gruppe mit dem Wort Gottes, ich hatte lange die Methode, das Evangelium des kommenden Sonntags zu nehmen.

Nach einiger Erfahrung hielt ich mich an die Methode des Bibelteilens, eine gute Möglichkeit, dass jeder Teilnehmer seine Gedanken mit einbringen konnte. So kam jeder einmal zum Sprechen, nicht nur die im Sprechen Geübten.

Dieses mit dem eigenen Leben verbundene Bibelteilen mündete in persönliches Fürbittgebet ein. Mit einem Vaterunser und Ave Maria wurde das Treffen abgeschlossen.

Zwischen den einzelnen Teilen des Abends sang man ein Lied oder zwei, wie es zum Inhalt passte.

Wenn irgendein gemeinsames Ereignis zurücklag, konnten einzelne Teilnehmer Zeugnis davon geben, also über ihre persönlichen Eindrücke und (geistlichen) Erfahrungen berichten.

Nach den Treffen stand oder saß man noch zusammen, erzählte einander. War ein Geburtstag oder sonst ein Anlass, brachte jemand schon mal einen Kuchen mit.

Gemeinschaft fürs Leben

Immer mehr griffen diese Verbindungen aus den Kreisen ins konkrete Leben ein, mit Babysitting, Mitfahrgelegenheit, Familienhilfe bei Krankheit, Nachbarschaftshilfe ... .

Oder einfach das Versprechen zu beten – um einen neuen Arbeitsplatz, guten Ausgang von Prüfungen, Genesung von Krankheit, guten Verlauf einer Operation ... .

Offen

Es gibt Zeiten,
da sind wir verschlossen
in unser eigenes Ich.

Enttäuschung, Leiden
bauen eine Mauer,
darin sind wir verschlossen.

Es gibt Zeiten,
da sind wir ganz offen
wie eine erblühte Rose.

Nichts kann an uns heran.
Nichts lassen wir in uns herein.
Nichts kann uns bewegen.

Jede kleine Freude
erkennen wir
an unserm Weg.

Offen sind wir,
wenn wir verwundet sind,
wenn wir lieben.

Jedes gute Wort
saugen wir in uns hinein
wie ausgedorrte Erde.

Eine Wunde
öffnet uns
mit Gewalt.

Im Lieben
öffnen wir uns
freiwillig.

Gott will uns offen.
An einem Offenen nur
kann Er handeln.

Wirkung nach außen – Reaktion der anderen

Spannungen zur Normal-Gemeinde

»Die katholischen Christen, die sich in der katholischen Charismatischen Erneuerung zusammengefunden haben, sind dankbar, an vielen Orten der Kirche in vielfältiger Weise das Wirken des Geistes finden zu dürfen. Um Gottes Anruf treu zu sein und der Kirche zu dienen, suchen sie ihre Erfahrungen in das gemeinsame Leben der Kirche einzubringen. Wenn sie das »Neue« und sie Verbindende beschreiben, müssen sie zugleich von Glaubenswirklichkeiten reden, die jeden Getauften betreffen.« (Geist CE, S. 5)

– Ist unser Glaube nichts mehr wert?
– Das ist übertrieben, extrem!
– Das sind die Lieblinge des Pfarrers!
– Die sollen auch was t u n, nicht immer nur beten!
– Mir kommt keine Bibel ins Haus, ich bleibe katholisch!

Solche Fragen und Urteile waren anfangs vielfach zu hören. Die Erneuerung war eine Herausforderung für die Gemeinden. Eine Herausforderung vor allem für den »Charismatiker« selbst.

Wenn die Christen Salz sein sollen – Salz brennt. Aber durch den Prozess des Salz-Seins, des Durch-Salzens er-hält es, er-neuert es, be-lebt es, bringt es Geschmack in eine Sache. Das ist schließlich die Sinnerfüllung von Salz. Auch wenn wir sie nicht sofort bemerken, die Wirkung.

Manche bekommen ob der Spannungen, auch in der Ehe, in Ordensgemeinschaften – Zweifel. Man sieht die eigenen Fehler, Sünden, Wunden überhaupt erst oder in einem anderen, neuen Licht.

Wäre ich doch nicht erst zu denen gegangen. Dann ginge es mir besser. Dann wäre alles wie früher, urteilen nicht wenige, wenn ihnen das Fortschreiten im Glaubensleben zu stürmisch wird.

Für mich sind solche Aussagen Zeichen, dass der Geist Gottes an einer Person am Wirken ist. Weil wir unsere Taufe ernst nehmen. Wir merken auf einmal, Gott handelt an uns als der Erlösende – etwa aus den Verstrickungen in das Böse, Zwielichtige, das so raffiniert getarnt ist, zumeist mit religiösen Inhalten vermischt ist (die ganze Bandbreite der Esoterik und ihr Umfeld).

Auch die un-christliche Haltung: Gott hat mir diese Krankheit geschickt – dieses Unglück!

Gott wird hier angeklagt als Krankmacher und Todbringer.

Christus zeigt sich in meiner enger gewordenen Beziehung zu ihm als der Befreier von unseren Sünden. Er ändert unser Leben nach seinem Bild. Wir werden zu größeren Liebenden.

Liebe tut immer weh. Es gibt keine Liebe ohne Leiden. Wenn man den Begriff Liebe missversteht, wie das heute überwiegend geschieht, trifft diese Wahrheit in noch höherem Maße zu, sind die Leiden noch größer. Was ist das für eine Liebe, die nicht bereit ist, für sie zu leiden.

Es ist keine. Es war eine Illusion.

Gott zeigt mir meine Wunden, weil er sie heilen möchte. Trauern wir nicht nach den vollen Fleischtöpfen des alten Lebens auf dem Marsch durch die Wüste der Läuterung ins Gelobte Land der heilenden Nähe Gottes. Die Töpfe von früher waren voll – um den Preis der Abhängigkeit von vielen unnützen, vielleicht sogar schädlichen, sich selbst und andere zerstörenden Dingen dieser Welt.

Kein Kind wird geboren ohne Schmerzen der Mutter. Kein Mensch kommt ins ewige Leben ohne Sterben und Tod.

Leben schenken beinhaltet die Hingabe des eigenen.

Leben schenken ist aber das beglückendste, das lebenswerteste unseres eigenen Lebens.

Suchen wir immer wieder Christus in andern. Das hilft uns, das oft unansehnliche Gefäß in Kauf zu nehmen, weil wir ohne den Schatz darin nicht leben können. Wir brauchen einander, dass Gott leben kann in unserer Mitte.

Das Erleben des Auferstandenen: Thomas konnte nicht glauben, weil er den Auferstandenen nicht erlebt hatte in der Gemeinde der Apostel am Osterabend.

Acht Tage später war Thomas dabei. Er erlebte selber den Auferstandenen und kam zum gläubigen Bekenntnis: Mein Herr und mein Gott – Joh 20,28.

Das Erleben des Auferstandenen Christus macht die Erneuerung im Heiligen Geist aus.

Wort Gottes und Gebet

Christus ist der größte Sieger im furchtbarsten Krieg der Schöpfungsgeschichte. Wir begegnen dem Sieger über den Tod – im Zeugnis der Apostel, in den Sakramenten der Kirche, im persönlichen Beten.

Wir begegnen dem Auferstandenen,

– wenn wir unser Leben ausliefern – dem Geist des Evangeliums;
– wenn wir unser Leben, auch unser Un-Leben (unser Handeln gegen das Leben) aussetzen – Seiner Gegenwart im Beten;
– wenn wir die vielen Geschenke des Geistes Gottes (Charismen) annehmen und weiterschenken an die Schwestern und Brüder.

Das schafft Gemeinschaft der Kirche, die Er geschenkt hat, in der Er lebt, weil Er sie und somit uns – mich liebt.

Stellungnahme einiger Bischöfe

Erzbischof DDr. Josef Stimpfle, Augsburg

»Das Wort Gottes, das Leben wirkt, ist der Quell des ›Wassers des Lebens‹, aus dem die Kirche täglich Frieden und vollkommene Freude schöpft. Dieses ›Wasser des Lebens‹ schenke allen Gebetskreisen der Charismatischen Gemeinde-Erneuerung Wachstum und Blühen in der Gemeinschaft der Kirche!«
(Nach einem Gespräch in Augsburg über die Situation der Erneuerung im Bistum in meine Bibel geschrieben.)

Der frühere Bischof Georg Moser von Rottenburg-Stuttgart

»Ich sage ja zu den Gebetsgruppen und Gemeinschaften, obwohl mir bekannt ist, dass es in den Gemeinden zu Spannungen wegen dieser Gruppen kommt … . Ich will, dass die Gemeinden die Gebetsgruppen nicht nur dulden. Denn sie sind wie Vitaminspritzen für unsere Gemeinden, die oft so müde und resigniert sind.«
(In einer Predigt beim Schlussgottesdienst des Bodenseetreffens 1986 in Weingarten.)

Bischof Alois Kothgasser
Bischof von Innsbruck, Erzbischof von Salzburg

Bevor Prof. Dr. Kothgasser zum Bischof von Innsbruck berufen wurde, war er Rektor der Hochschule in Benediktbeuren. Als solchen lernte ich ihn kennen während einer Vortragsreihe über die Charismatische Erneuerung. Damals »Sprecher der CGE« lud er mich ein, in seiner Gebetsgruppe an der Hochschule zu sprechen, aus meinen Erfahrungen zu berichten.

Es war eine schöne Begegnung mit ihm und der Gebetsgruppe, mit einer Eucharistiefeier am Sonntagabend. Dr. Kothgasser bedankte sich damals bei mir als einem, der es verstehe, seine Brüder und Schwestern im Glauben zu stärken.

Eine zweite Begegnung kam aus terminlichen Gründen, meinerseits, nicht mehr zustande.

Was die Päpste sagen

Alle letzten Päpste wurden mit dem Phänomen des Charismatischen in der Kirche konfrontiert.

Schon Papst **Paul VI** hat die Charismatiker der Welt zu einem Treffen mit abschließender Eucharistie-Feier nach Rom eingeladen.

Johannes Paul II kam in seiner Ansprache an die Deutschen Bischöfe zum Abschluss eines Adlimina-Besuchs in Rom auf die Charismatischen Bewegungen und inzwischen Gemeinschaften zu sprechen. Er ermutigte die Hirten der deutschen Kirche, diese Bewegungen nicht nur zu dulden, sondern ihnen gegenüber offen zu sein, ja sie zu fördern.

Regelmäßig alle paar Jahre waren sie nach Rom eingeladen zu einem Internationalen Treffen.

In der Zeit von Papst **Benedikt** waren solche Treffen schon eine feste Einrichtung, zumal er diese schon als Erzbischof von München kennengelernt hatte.

Während des Rückflugs unseres gegenwärtigen Papstes **Franziskus** vom Weltjugendtag in Rio de Janeiro nach Rom, am 28. Juli 2013 – fragte der Journalist Macio Campos den Papst:

»Heiligkeit ... in Brasilien hat die Katholische Kirche in diesen letzten Jahren Gläubige verloren. Ist die Bewegung der Charismatischen Erneuerung eine Möglichkeit, um zu vermeiden, dass die Gläubigen in die Pfingstlerkirche oder andere pentekostale Kirchen abwandern?«

Papst **Franziskus:** »Es ist sehr wahr, was Sie über den Rückgang der Gläubigen sagen ... . Wir haben mit den brasilianischen Bischöfen darüber gesprochen, in einer Versammlung, die gestern stattfand. Sie haben nach der Bewegung der Charismatischen Erneuerung gefragt; ich sage Ihnen eins: In der Zeit Ende der Siebziger, Anfang der Achtziger Jahre konnte ich sie nicht ausstehen. Einmal hab ich, als ich über sie sprach, diesen Satz gesagt: Die verwechseln eine liturgische Feier mit einer Samba-Schule! Das habe ich gesagt, und ich habe es bereut. Dann habe ich es besser erkannt. Es stimmt auch, dass die Bewegung mit guten Referenten einen guten Weg eingeschlagen hat. Und jetzt glaube ich, dass diese Bewegung der Kirche sehr gut tut, ganz allgemein. In Buenos Aires habe ich sie oft versammelt, und einmal im Jahr feierte ich eine Messe mit ihnen allen in der Kathedrale. Ich habe sie immer gefördert, nachdem ich mich »bekehrt« hatte, als ich das Gute gesehen habe, das sie taten. Denn ich glaube, in diesem Moment der Kirche – und hier weite ich die Antwort ein wenig aus – sind die Bewegungen notwendig. Die Bewegungen sind eine Gnade des Geistes.«

Auf den häufigen Einwand, wie man denn eine Bewegung lenken könne, die so frei ist, antwortet der Heilige Vater: »Auch die Kirche ist frei! Der Heilige Geist tut, was er will. Und dann vollbringt er die Arbeit der Harmonie, aber ich glaube, dass die Bewegungen eine Gnade sind, jene Bewegungen, die den Geist der Kirche haben. Darum meine ich, dass die Charismatische Erneuerung nicht nur nützlich ist, um zu vermeiden, dass einige zu den pfingstlerischen Bekenntnissen übergehen. Nein: Sie nützt der Kirche selbst! Sie erneuert uns. Und jeder suche sich seine Bewegung, entsprechend dem persönlichen Charisma, wohin der Geist ihn führt.« (aus: »Die Tagespost«, 8. 8. 2013, Nr. 95, S.7)

Spaltung der Gemeinde

In den zurückliegenden Jahren sind – buchstäblich – viele neue geistliche Bewegungen entstanden. Einige durfte ich selber kennenlernen, im Laufe der Jahre. Wenn Menschen auf solche neue Gemeinschaften, Bewegungen getroffen sind, zumeist Suchende, dann berührt das selbstverständlich auch die Heimatgemeinden, aus denen die Menschen kommen.

Durchgängig ist die Erfahrung zu machen, dass Pfarrer wie Gemeinde zumindest zurückhaltend, wenn nicht, wie meistens der Fall, ablehnend solch Begeisterten oder neu Inspirierten gegenübertraten.

Obwohl man solche Phänomene aus der Geschichte, speziell aus der Kirchengeschichte kennt. Meistens bekommt man solche, inzwischen historischen Tatsachen so vermittelt, dass man intellektuell wie emotional auf Seiten des Neuen, auf Seiten der Erneuerer steht.

Natürlich zu verstehen aus der Perspektive des Rückblicks. Das damals Neue hat sich inzwischen bewährt. Die damalige Haltung wird belächelt, die damals handelnden Personen werden verurteilt, ob ihrer Dummheit.

Dasselbe geschieht heute ebenso wie damals tausendfach, wenn nicht millionenfach – obwohl man historisch auf Seiten der damaligen Erneuerer steht.

Umdenken, Metanoia, ist ein biblischer Begriff, sogar ein Jesuanischer. Ja, Umdenken – Andersdenken gehört zu den Wesensaussagen des Messias. Umdenken bei denen, die sich in ihrer Religion eingerichtet haben, sich darin wohlfühlen, vielleicht sogar eine Position erreicht haben, aus der herab man anders denkt als man in jugendlicher Forschheit vielleicht noch ehrlicher, näher an der Basis, näher mit der Basis, gedacht hat.

Die meisten leben vom Hörensagen, gerade in der Kirche. Anstatt selber einmal hinzufahren, wo etwas aufgetaucht, aufgebrochen ist, damit man sich ein eigenes Bild machen kann, sich selber ein Urteil bilden kann, lebt man vom Hörensagen, glaubt man den Aussagen derer, die ihr Urteil auch nur vom Hörensagen anderer haben, die ihrerseits alles wieder nur vom Hörensagen kennen.

Die Wurzel von all diesen vom Hörensagen Lebenden sind zumeist solche, die irgendwo – vielleicht sogar in einer Kirchenzeitung oder SonntagsZeitung – einen negativen Bericht gelesen haben.

Meistens beruhen Negativaussagen in Bezug auf neue geistliche Aufbrüche auf solchen, denen eine entsprechende Erfahrung fehlt.

Ein Hauptargument gegen solche von einem neuen geistlichen Aufbruch Berührten ist, sie würden die Gemeinde spalten.

Dabei lebt die Kirche seit 2 000 Jahren von verschiedenen Richtungen, wie einer das Evangelium vom Mensch gewordenen Gott versteht. Die Evangelien selber sind verschieden, Johannes sogar grundverschieden von den anderen.

Einem Franziskaner wird es nicht einfallen, auf einen Dominikaner einzuschlagen, weil er eine andere Spiritualität lebt. Die Witze zwischen Jesuiten und Franziskanern sind vielleicht ein Ventil zweier extremer Positionen. Aber soweit ich Kirche verstanden habe, kann keiner das ganze Evangelium leben.

Jeder lebt einen Teil davon, eben den, zu dem ihn der Herr selber berufen hat. Und im Ganzen müsste alles zusammenkommen, zusammenfließen. Zusammen sind wir Kirche, weder nur die von unten, noch nur die von oben. Sondern jeder lebt seine Berufung und dient so dem Ganzen der Kirche.

Mutter Teresa sagt zu ihren Schwestern: Strebt nicht nach Großem. Sondern tut das Kleine, mit - großer Liebe!

Was ist aus ihr, was aus ihrem Orden geworden. Es gibt so viele, sehr unterschiedliche Gruppen und Bewegungen. Zusammen ergeben sie den Reichtum der Kirche.

In einer Pfarrei gibt es beispielsweise Fokulare. Die leben besonders die Nächstenliebe und die Freude.

Warum sollte es daneben nicht Schönstätter geben, die akzentuiert die Muttergottes lieben und ehren. Übrigens die einzige geistliche Bewegung der jüngeren Zeit, die in Deutschland entstanden ist.

Andere haben ihre Neuentdeckung des gleichen Glaubens an Christus durch Cursillo gemacht und werben jetzt andere dafür an mit neuer Begeisterung.

Und dann gibt es noch die Charismatiker, ob sie wirklich solche sind oder sich nur für solche halten, sei dahingestellt. Die haben zwar einmal geglaubt, sie seien die wahren, die einzigen Erneuerer der Kirche – ich auch. Aber die Erfahrung, auch wenn sie mutig war, hat uns gezeigt, dass nicht alle sich gleichermaßen begeistern lassen.

Viele wollen nicht. Viele sind mit dem zufrieden, was sie haben. Manchen ist der Sonntagsgottesdienst schon zu lange, wenn er mal länger dauert als sie es das Jahr über gewohnt sind.

Es kann gar nicht genug Bewegungen in einer Gemeinde geben. Es müsste so viele geben, dass jedes Gemeindemitglied sich von irgendeiner angesprochen fühlt, dass sich am Sonntag 100 Prozent aller Getauften um den Altar, das Zentrum der Gemeinde, zur Eucharistie versammeln.

Der Pfarrer, inklusive seine Mitarbeiter, sollte zu allen Richtungen und Bewegungen in seiner Gemeinde Kontakt pflegen. Nur so kann er auch Einfluss nehmen und – mitreden.

Nur so können wir voneinander lernen.

Wenn nur fünf Prozent sonntags zur Kirche gehen, oder auch 40 oder gar 60 Prozent – es ist nur ein Teil der gesamten Gemeinde, mehr oder weniger. Da sind die aus der Kirche Ausgetretenen. Die zwar nicht Ausgetretenen, aber am Leben der Gemeinde nicht mehr teilnehmen, aus verschiedenen Gründen: wiederverheiratete Geschiedene, an Gott und Kirche Uninteressierte, an Gott Interessierte aber nicht an der Kirche.

Da sind die, die auf das Stille Nacht am Heiligen Abend nicht verzichten wollen mit seinem stimmungsvollen Ambiente. Manche kommen an Ostern, besonders die Reanimierten durch katechetische Vorbereitung auf Erstkommunion und Firmung, auf die man den Kindern zuliebe nicht verzichten möchte.

Innerhalb der Prozentgrenze der Sonntagskirchgänger gibt es die Jugend, den Seniorenclub, den Frauenbund, die Krabbelgruppe, die an Weihnachten bei der Kindermette ein Lied beiträgt.

Sie alle grüppeln vor sich hin, sind stolz auf ihre Aktivitäten, Basteleien für Bazare. Sie bringen ja zusätzlich Geld für außergewöhnliche Bedürfnisse der Gemeinde ...

Nicht alle suchen die Einheit im sonntäglichen Gottesdienst. Nicht alle sind in der gleichen Richtung engagiert. Wo ist also die Einheit?

Und da gibt es Leute, die irgendwo und irgendwie Feuer gefangen haben, dass die Botschaft Jesu etwas ist, was ihr Leben bereichert. Ein lebendiges Zeichen des wieder neu entdeckten Erbarmens Gottes. Oder ein Werk des Heiligen Geistes, um den zu beten uns Johannes XXIII und sein II. Vatikanum gebeten hat.

Im Grunde ist es immer das Gleiche mit einer Erneuerung. Die einen haben sich in ihrem Glauben eingerichtet. Andere konsumieren nur. Und jetzt kommen auch noch »Be-Geist-erte«. Vielleicht bewirken Erneuerungsbewegungen, dass sich immer mehr Menschen selbstkritisch hinterfragen. Am wichtigsten aber ist:

Freuen wir uns, dass der Heilige Geist wieder in unser Blickfeld geraten ist – als Kirche.

Freuen wir uns, dass der Vater im Himmel uns lebendige Zeichen schenkt, dass er unser Beten erhört.

Freuen wir uns, dass Christus die Kirche in Deutschland noch nicht aufgegeben hat.

Freuen wir uns, dass die neue, er-neuerte Kirche schon da ist, besonders, vor allem – in der Jugend. Einer Jugend, die positiv zu Kirche und ihren Hirten steht.

Konservativ – Progressiv

Progressiv

Mein Zusammentreffen mit charismatisch begabten Menschen habe ich als etwas Neues kennengelernt, als etwas, das über meine bisherigen Erfahrungen von dem, was wir christlich nennen, hinausgeht.

Das Entdecken der alten Schätze der Kirche, auf eine ganz neue Art, ihren Wert von innen her, von ihrem inneren Glanz her sehen zu dürfen, war für mich etwas erhellendes, belebendes, ergreifendes … .

Das habe ich als einen großen Fortschritt erlebt, also progressiv.

In meinen Auseinandersetzungen mit Theologie und Kirche, und allem, was damit zusammenhängt, habe ich mich immer als progressiv verstanden. Im Zuge des Konzils, das in unserer Jugend stattfand, wurden wir beflügelt, dachten wir weit über unsere erlebbaren Grenzen hinaus, in die Missionsländer. Wir Jungen wollten uns dafür einsetzen.

Und siehe da: Auf einmal entdeckte ich, unter den Priestern, dass wir als konservativ angesehen wurden. Das war für mich interessant.

Vielleicht, weil wir die Anbetung (unseres Herrn) liebten. Weil uns die Sakramente wichtig waren. Besonders das Sakrament der Versöhnung, während landauf, landab zu hören war, eine sogenannte Bußandacht würde völlig reichen.

Von außen betrachtet, ohne die Erfahrung des Heiligen Geistes gemacht zu haben, mag dies als konservativ erscheinen. Wer das Ganze aber von innen sieht, im Licht des Heiligen Geistes, für den ist das progressiv, also fortschrittlich, ich möchte sagen wegweisend.

Das bedeutet für mich progressiv: Sich vom Geist Gottes inspirieren zu lassen und über die bekannten Grenzen hinausführen zu lassen. Genau das tat der als konservativ bezeichnete Papst Johannes Paul II. Er sprengte alle Grenzen – in seinem Geist, geführt vom Geist Gottes, in stundenlanger nächtlicher Anbetung – jede Nacht. Gleichzeitig hütete er eifersüchtig den Kern der alten Werte, die es um keinen Preis aufzugeben gelte.

Ja, dieser alte Schatz dessen, was christlich ist, ist der Grundstock, das Fundament, auf dem zu stehen erst möglich ist, auf andere Denk- und Lebensarten zuzugehen, und diese durch das, was in mir selber lebt – zu inspirieren, ihr Denken zu beeinflussen. Dass das gelingen kann, in unserem Massenmarkt an Ideologien, sehen wir gegenwärtig an den überragenden Vaterfiguren unserer Päpste.

Solche Vaterfiguren sind notwendig, um sich an ihnen zu reiben, und zugleich an ihnen sich aufzurichten, wie ein junger Mensch sich an einem orientierungsweisenden Vater reibt, weil der aus Werten und Grundsätzen lebt, die der junge Mensch erst noch erwerben muss.

Denkschablonen progressiv – konservativ sind antiquierte Kategorien.

Ein schwäbischer Orden hatte eine neue Leitung gewählt. Ich fragte eine Schwester, wie sie mit der Neuwahl zufrieden sei. Prompt kam die Antwort: Es geht wieder zurück. Ich fragte nach, was sie mit Zurückgehen meine. – Man müsse jetzt wieder mehr beten und betrachten. Oh, sagte ich, das ist nicht Zurückgehen, das ist progressiv, nach vorne gehen.

Das ist ein Zurückgehen zum Ursprung, aus dem heraus eine religiöse Gemeinschaft entstanden ist. Zurück zu den Quellen, lehrten die jungen Mönche in Taizé schon vor 40 Jahren all den Jugendlichen, die sich in der Bewegung des Jugendkonzils zusammenfanden, rund um den Erdball.

Reform hieß in der Kirche immer, zurück zu den Quellen. Schließlich waren es Menschen, die zu beten begannen, die von der Vorsehung lebten und damit das konkrete Wirken Gottes in ihrem täglichen Leben erfahren hatten. Wie und wo sonst können wir Gottes Wirken erleben. Erst in den Wundern, medizinisch nicht einzuordnen? An Wunder können wir erst wieder glauben, wenn wir im Vorfeld von Wundern das Wirken Gottes erlebt haben – wo sonst als im täglichen Leben. Mitten in unserem Alltag, also jeden Tag. Nicht erst in den Wundern. Denn dann trauen wir Gott auch wieder Wunder zu. Dann ist er auch motiviert, uns mit Wundern zu überhäufen.

Andere sahen solch Evangelisches Leben, ließen sich davon faszinieren, erlebten auf einmal selber das Wirken Gottes in ihrem Leben. Sie schlossen sich den Vorbildern an. So entstand eine neue Bewegung, eine religiöse Gemeinschaft, in der Gott sichtbar war und nicht nur Vermittler eines schönen, leidlosen, kampflosen, friedlichen Lebens.

So entstanden Orden. Wenn sie durch Reichtum und (zu viel politischen) Einfluss ihre Wurzeln verließen, zogen einige Fundamentalisten aus und fingen dieses (ewige) Spiel wieder von vorne an (Beispiel: Benediktiner > Cluny > Zisterzienser > Trappisten > ...).

Interessant ist für mich, dass die klassischen Orden ihre schönen, das Kirchenbild farbig gemacht habenden Habite ablegten (Habit als Wüstengewand verstanden), hübsche Kleidchen anlegten mit einem Schleier, der an der (noch nicht verfärbten) Haarfarbe wenigstens das Alter einer Schwester annähernd erkennen lässt ... .

Während die neu entstandenen und immer noch neu entstehenden Gemeinschaften (interessanterweise die meisten aus Frankreich und Italien) wieder Habite tragen – nach altem Muster, also Wüstenkleidung.

Ob das langsame (oder schnellere) Sterben der alten Orden damit zusammenhängt? Was ist konservativ? Führen in eine neue (oder alte) Spiritualität. Wirkliche Spiritualität hat mit dem Heiligen Geist zu tun, konkret: sich vom Heiligen Geist führen zu lassen.

Wie geht es weiter — weitere Entwicklung

Aufbau einer neuen Struktur

Treffen mit den Gebetskreis-LeiterInnen
Im Laufe dieser Entwicklung mussten wir dem Ganzen eine Struktur geben. So luden wir die LeiterInnen der einzelnen Kreise zu regelmäßigen Treffen ein, zumeist in unsere Gemeinde, aber auch in anderen Gemeinden. Wir tauschten unsere Erfahrungen aus, behandelten im Kreis oder in Einzelgesprächen aufgekommene Fragen und Probleme. Immer aber war ein Lobpreis mit mehreren Liedern und Einzelgebet am Anfang. Immer war auch eine Bibelstelle, das Wort Gottes, Mitte dieser Treffen.

Später gab ich die Leitung dieser Versammlungen an einen gewählten Regional-Sprecher ab.

Struktur auf regionaler Ebene
Da ich in dieser Zeit auch Diözesan-Sprecher war, galt es über die ganze Diözese eine Struktur aufzubauen.

Wir hatten etwa sieben Ballungsräume im Bistum festgestellt, die wir Regionen nannten.

Die Gebetskreise waren bei uns gemeldet. Anfangs alle Teilnehmer. Später nur noch die LeiterInnen mit der Anzahl der Gruppen-Mitglieder. Wir baten alle Gruppen, die noch keinen Leiter hatten, einen zu wählen.

Mit den LeiterInnen trafen wir uns, gelegentlich war bei solchen Treffen ein Priester aus der Gegend dabei, und ließen ebenfalls einen Regional-sprecherIn wählen.

Inzwischen war die Zahl von 60 Gebetskreisen 1986 – auf 120 Kreise angewachsen. Auf diesem Höhepunkt an Wachstum in Sachen Gebets-kreise trafen sich die einzelnen Regionen auch selbstständig – ohne Diözesen-Sprecher.

Immer wieder trafen sich die Mitglieder einer Region zu einem Regio-naltag zu Begegnung, Austausch anstehender, auch organisatorischer Fragen, zum Kennenlernen der Neuen, zu Gebet und Lobpreis.

Struktur auf Diözesan-Ebene

Nachdem diese Struktur stand, bot es sich an, die sieben Regional-Spre-cherInnen zusammenzurufen zu einer eigenen Versammlung. Zusam-men mit den Diözesan-Sprechern ergab sich so ein Diözesan-Team, das entsprechende Verantwortung übernahm.

1988, 17. Juni – Nationalfeiertag. Das erste große Diözesantreffen der Charismatischen Erneuerung fand im St. Ulrich-Haus in Augsburg statt. Thema: Mit Maria um den Heiligen Geist beten. Ein bekannter Pallotti-ner hielt den Fest-Vortrag. Eine Musik- und Sing-Gruppe begleitete die begeisternden neuen Lieder. Bischof Josef Stimpfle feierte mit mehreren Konzelebranten die festliche Eucharistie. Der große Saal platzte aus allen Nähten. Wir mussten die Seitentüren öffnen, damit die draußen Stehen-den am Geschehen teilnehmen konnten.

1992 gab ich die Aufgabe eines Diözesan-Sprechers in jüngere Verant-wortung. Das war immer mein Ziel. Solange arbeiten bis die Sache eine gewisse Selbstständigkeit erreicht hat. Dann habe ich eine Aufgabe an andere, Nachgewachsene abgegeben, um wieder frei zu sein für etwas Neues.

Ist dies gut weitergegangen, sah ich darin ein Zeichen, dass das Ganze das Werk Gottes ist, und nicht mein Werk, das ich eifersüchtig zu hüten habe, nach dem Motto: Ohne mich geht es nicht.

Ökumenisches Hirtengebet

In unserer Gegend hatten einige katholische wie evangelische Pfarrer Berührung mit dem Charismatischen.

So kamen wir auf die Idee, ob wir uns nicht regelmäßig oder unregelmäßig treffen könnten zu Erfahrungsaustausch, Abklärung von geplanten Veranstaltungen und gemeinsamem Beten.

Und so geschah es. Abwechselnd trafen wir uns in einem Pfarrhaus, erörterten unsere gelaufenen Veranstaltungen, dankten dafür dem Herrn, teilten einander unsere geplanten Vorhaben mit und beteten gemeinsam dafür. Besonders beteten wir für die Gemeinde, in deren Pfarrhaus wir versammelt waren. Wir waren zwei katholische Priester mit einem ständigen Diakon und zwei evangelische Pfarrer. Einmal hatten wir eine Hirtin eingeladen, eine Ordensobere.

Einmal war ich zu früh zum Treffen gekommen. Ich sprach mit dem jungen, evangelischen Kollegen zwanglos über dies und jenes. Schließlich waren wir beim Abendmahlverständnis der evangelischen Kirche gelandet. Ich hatte neben katholischer auch evangelische Theologie studiert in München und Tübingen. Ich war also etwas vertraut mit protestantischer Denkart. Ein Verständnis-Problem klärte sich für mich im Laufe des ruhig und sachlich geführten Gesprächs:

In ihrer Kirche sei es umstritten, ob ein Vikar Abendmahl feiern dürfe. Ein Pfarrer sei immerhin ordiniert (im evangelischen Verständnis), also von der Kirchenleitung beauftragt und in das Pfarramt vom Dekan eingeführt. Heutzutage sind mehrere Pfarrer dazu eingeladen, ähnlich der katholischen Priesterweihe. Ich selber, als katholischer Pfarrer, wurde sogar einmal zu einer solchen Ordination eingeladen, konnte aber aus terminlichen Überschneidungen nicht teilnehmen.

Ein Vikar nun wird eingesetzt, ohne Rituale, ohne Ordination. Darf der jetzt Abendmahl halten oder nicht? Diese Frage scheint in der evangelischen Kirche nicht geklärt.

Die allermeisten katholischen Christen verstehen das Gerangel in der Ökumene nicht, gerade bei der Frage Eucharistie bzw. Abendmahl. Viele meinen – natürlich irrtümlich – das sei doch alles dasselbe. Und wir hätten doch alle den gleichen Herrgott …

Aber mit der Frage Abendmahl – Eucharistie sind viele Dinge verbunden, die gleichzeitig Kernfragen der Konfessionen berühren. Und das Abendmahlverständnis eines lutherischen Pfarrers muss nicht das von einem Ordinierten aus einer anderen evangelischen Kirche sein.

Im miteinander beten, einander vertrauen, füreinander einstehen, besonders vor unserem gemeinsamen Herrn, also füreinander beten, einander kennen, ja, verstehen lernen im je Anderssein. Das Gemeinsame erkennen und realisieren, uns daran freuen.

Da erzähle ich einfach zwei Geschichten:

Die eine, nicht selbst erlebt, aber erzählt von einem katholischen Beteiligten, also Augen- und Ohrenzeugen.

Nach dem Abendmahlgottesdienst, in der Sakristei, schüttete der evangelische Pfarrer die vom Abendmahl übrig gebliebenen Hostien wieder in die Schachtel zurück, aus der sie vor dem Gottesdienst genommen wurden. Der katholische Kollege:»Das hat mir einen Stich gegeben.« Obwohl er natürlich um den Unterschied wusste. Aber trotzdem …

Mit meinem evangelischen Kollegen, der in meinem Pfarrgebiet zuständig war, pflegte ich eine sehr gute Beziehung. Wir feierten gemeinsam ökumenische Gottesdienste, die ja immer eher evangelisch geprägt sind.

Im Wissen um die erste Geschichte, fragte ich ihn einmal, es war nach einer Abendmahlsfeier in unserer katholischen Kirche, was in all meinen bisherigen Pfarreien selbstverständlicher Brauch war: Was machst du mit dem Wein, der bei der Abendmahlsfeier übrig bleibt? Seine prompte Antwort: Den schütte ich wieder in die Flasche zurück.

Auf diese beiden erlebten Geschichten hin entsteht immer erstauntes Schweigen.

Das ist eben der Unterschied!

Priestertreffen

Auch unter den katholischen Mitbrüdern hatten wir in unregelmäßiger Regelmäßigkeit Treffen, auch jeweils in einem Pfarrhaus der Beteiligten. Das ging quer durch das ganze Bistum, bis hinüber in das benachbarte Bistum Rottenburg-Stuttgart.

Wir trafen uns ebenfalls zur mitbrüderlichen Begegnung, wie es im Kirchendeutsch heißt. Erzählten einander von unseren Erfahrungen mit dem Charismatischen in unseren Gemeinden, vom Wachsenden und Schmerzlichen.

Mit einem gemeinsamen, immer festlichen Mittagessen, der Beitrag der örtlichen gastfreundlichen Pfarrhausfrau, schlossen wir die Treffen ab. Vielleicht noch mit einem Spaziergang oder einer Besichtigung ... .

Anbetung

Im Kennenlernen der Charismatiker wurde mir die Anbetung sehr wichtig. Im Kampf um meine Berufung (gegen Ende meines Studiums) habe ich Nächte durchgebetet, Nachtwachen gehalten, sogar während meines ersten Besuchs in Taizé, im Winter.

In der Pfarrei hielten wir Anbetung während des Herz-Jesu-Freitags, anfangs abends nach der Eucharistie bis Mitternacht.

Später während des Tages von 9 bis 19 Uhr. Höhepunkt der Anbetung war die feierliche Eucharistie. Noch später hielten wir Anbetung eine Stunde vor jeder Eucharistie-Feier. Die Mesnerin machte den Tabernakel auf, eine halbe Stunde Stille, die zweite halbe Stunde Rosenkranz. Vor der Messe Segen durch den Priester. Vor jedem Charismatischen Gottesdienst war eine Stunde Anbetung. Nach der Eucharistie während des Gebets für Personen und Beichte ebenfalls.

Beim Sakrament der Versöhnung
Später führte ich Anbetung auch nach Bußgottesdiensten (Advent, Fastenzeit) ein. Nach dem Gottesdienst war immer Beichtgelegenheit bei mehreren Priestern, nicht im Beichtstuhl, sondern auf Hockern im Chorraum, wie bei den Charismatischen Gottesdiensten. Ein Zeichen, wir bringen unsere Lasten zum gegenwärtigen Herrn. Die Priester, Sein Bodenpersonal, helfen dabei und sprechen uns in Seinem Namen von unseren Sünden los.

Nachtanbetung
Wenn ich Exerzitien gab, hatten wir jeden Abend eine Stunde Anbetung mit Gebet um Heilung.

Bei Ignatianischen Exerzitien hatten wir einmal eine Nachtanbetung, abwechselnd jeder Teilnehmer eine Stunde. Nicht selten war dies die eigentliche Begegnung mit dem Auferstandenen.

Seit ich diese Nachtanbetung – zur rechten Zeit während des Exerzitien-Prozesses – eingeführt hatte, blieben die Kämpfe um die geistlichen Früchte der Exerzitien bei den TeilnehmerInnen – aus. Vorher hatten wir solche immer zu bestehen. Beten erspart geistliche Kämpfe, macht das geistliche Leben leichter.

In solchem Beten während der Nacht, das den Schlaf unterbricht, habe ich persönlich sehr gute, segenbringende Erfahrungen gemacht.

Während meines Ringens um die Berufung habe ich öfters Nachtanbetung gehalten. Manchmal ganze Nächte hindurch. War ich anderntags auch müde, hatte ich doch eine innere Freude und Stärke.

Vor wichtigen Ereignissen hielt ich oft Nachtanbetung oder stand früher auf und hielt Anbetung. Eventuell verspürte Müdigkeit war unbedeutend gegenüber der geistlichen inneren Kraft, die ich spürte, etwa beim Predigen und bei besonderen Eucharistiefeiern.

Die äußere, nächtliche Stille, ein von daher selbstverständliches Gesammeltsein macht es leichter, mit dem Herrn zu sprechen. Meine intimsten Stunden mit dem Herrn erlebte ich auf diese Weise.

Gründonnerstag

Am Gründonnerstag gibt es gewöhnlich in den Pfarreien nach der feierlichen Liturgie der Einsetzung der Eucharistie eine Stunde Anbetung in der Kirche oder bei besseren liturgischen Möglichkeiten in einer Seitenkapelle oder in einem eigenem Raum (Pfarrsaal), in dem das Allerheiligste in der Verborgenheit aufbewahrt wird.

In meinen Gemeinden habe ich die Anbetung bis Mitternacht verlängert. Verschiedene Gruppen haben die Vorbereitung einer Gebetswache übernommen. So der Frauenbund, da es keinen Männerbund gibt haben diese Gebetsstunde die Männer vom Pfarrgemeinderat übernommen, die Jugend und/oder die Ministranten, Gebetskreise soweit vorhanden und andere.

Das Allerheiligste wurde wie ursprünglich in der Liturgiereform vorgesehen nicht ausgesetzt, sondern vor dem (provisorischen) Tabernakel verehrt. Immer mehr wird der vorkonziliare Brauch wieder belebt, die Monstranz auszusetzen, mit oder ohne Schleier.

Das Allerheiligste soll eigentlich nicht ausgesetzt sein, gemäß dem liturgischen Gedenken des Leidens und Sterbens Jesu. Da es aber – gerade in diesen Stunden nach der Stiftung der Eucharistie – besonders verehrt wird, warum sollte man nicht aussetzen. Andererseits soll Jesus in der Verborgenheit bleiben, also wird ausgesetzt und zugleich wieder verborgen. Solls einer verstehen. Inzwischen halte ich mich an die örtliche Tradition.

Jahreswechsel

Zu Silvester habe ich begonnen, die Gemeinde einzuladen, den Jahreswechsel in der Kirche vor dem ausgesetzten Herrn – betend zu verbringen.

Eine halbe Stunde vor Mitternacht setzen wir feierlich aus mit Liedern zum Lobpreis. Eine Stille, um nach den Feiern in der Familie innerlich ruhig zu werden.

Mit einigen meditativen Gedanken lade ich ein, in einem Rückblick – ohne Zorn, wichtige Ereignisse vom vergangen Jahr nochmals in Erinnerung zu rufen und dafür – zu danken.

Unangenehme Erlebnisse und die damit verbundenen Personen geben wir in die Barmherzigkeit Gottes und – verzeihen ihnen.

In einem dritten Schritt blicken wir nach vorne, sagen dem gegenwärtigen Herrn unsere Erwartungen, Wünsche, Sehnsüchte und tragen sie ihm in Bitten vor – im Herzen oder auch mit Stimme.

Gegen Mitternacht beginnen die Glocken das Neue Jahr zu begrüßen, immer ein ergreifendes Erlebnis. Anschließend preisen wir den Herrn der Zeiten mit unserem festlichsten Loblied »Großer Gott wir loben dich«.

Nach dem feierlichen Segen habe ich es mir angewöhnt, allen Mitbetern ein gesegnetes Neues Jahr zu wünschen. Gelegentlich habe ich mit ihnen auch schon im nahen Pfarrhaus oder, wenn dies weiter entfernt war, in der Sakristei mit einem Glas Sekt und einer netten Unterhaltung das Neue Jahr begonnen.

Kinder-Bibel-Kreise

Eine schwierige Klasse

In der örtlichen Grund- und Teilhauptschule: Die vierte Klasse!

Einige waren richtige Rabauken. Sie schlägerten mit den anderen Kindern, in der Pause, nach dem Unterricht. Sie waren gefürchtet bei den andern Kindern. Ich hatte bei ihnen Religion. Bei mir ging es eigentlich mit der Disziplin. Mütter meinten, vielleicht akzeptierten sie mich als Mann. Die Lehrerinnen hatten die größten Mühen. Was sollte ich tun, wenn ich selber mit der Klasse klar komme.

Eine Mutter – evangelisch, ehemals Lehrerin, ihre jüngste Tochter war in dieser Klasse, das einzige Mädchen beim katholischen Religionsunterricht – sprach mich auf der Straße an: Herr Pfarrer, können Sie nicht etwas tun? Sie beten doch immer für Leute.

Aha, in mein Beten hat man offensichtlich Vertrauen? Was die Leute so alles denken – und sicher auch reden …

Was soll ich tun? Der Herr wird es wissen!

Maxi und der Heilige Geist

Eine junge Mutter kam aufgeregt mit ihrem Buben zu mir ins Pfarrhaus. Ich kannte beide. Den Buben hatte ich im Religionsunterricht der vierten Klasse. Sie erzählte, ihr – nennen wir ihn Maxi – sei aus der Schule heimgekommen, kam zu ihr in die Küche, zog ein langes Messer aus einer Schublade und wollte vor ihren Augen seine Pulsadern durchschneiden. Erschrocken hinderte sie ihn daran. Dann erzählte er, sein Banknachbar würde ihn derart drangsalieren, dass er nicht mehr leben wolle.

Jetzt saßen sie auf meiner gemütlichen Eckbank im Sprechzimmer. Wie immer – nach einem Gespräch – beteten wir zusammen. Ich legte dem Maxi die Hände auf und betete für ihn. Auch für seine Mutter. Erleichtert und zufrieden verließen sie mich wieder.

Später erzählte mir die Mutter, der Maxi sei ganz anders geworden. Er sei jetzt so fröhlich, so ausgeglichen, aufmerksam. Die Schikanen seines Nachbarn hätten von selbst aufgehört.

Irgendwann kam ich wieder in diese vierte Klasse. Wie so oft hatte ich eine heftige Migräne und keine Lust zum Unterricht halten. Das sagte ich den Kindern auch. Wir machen heute etwas anderes. Irgendwie kamen wir auf den Heiligen Geist. Ich fragte sie provozierend, ob schon mal einer den Heiligen Geist erfahren hätte.

Der Maxi meldete sich. Ganz selbstbewusst streckte er seinen Arm in die Luft, dass er nicht übersehen werden konnte. Er saß vorne links außen, in der ersten Bank. Manche Bilder vergisst man nie mehr.

Der Maxi erzählte, er habe den Heiligen Geist erlebt. Als ich ihm im Pfarrhaus die Hände auf den Kopf gelegt hatte und für ihn gebetet hatte, da sei ein heller Lichtstrahl in ihn gefahren. Das habe ihn richtig froh gemacht.

Die Kinder hatten gespannt zugehört. Eine Sternstunde rückte heran. Ich fragte die Kinder, übrigens nur Buben mit einem einzigen Mädchen, ob sie auch den Heiligen Geist so erleben wollten wie der Maxi.

Mehrere streckten ihren Arm, ganz begeistert. Mit der Zeit waren fast alle Finger oben, außer ein paar wenigen.

Und jetzt betete ich frei aus dem Herzen, was mir einfiel. Die meisten Kinder hatten die Augen geschlossen, wie ich, waren ganz gesammelt. Ein ergreifender Anblick. Ich sang ihnen kurze Anbetungslieder vor, wie wir sie bei charismatischen Treffen sangen. Die kurzen Sätze und einfachen Melodien hatten sie schnell aufgenommen. Mehr und mehr sangen mit, ganz ergriffen, ganz innerlich.

Ich fragte die Kinder, ob ich für sie auch so beten solle wie damals für den Maxi. Natürlich wollten sie, die meisten.

Ich bat den Maxi, ob er mit mir beten wolle. Also beteten wir zu zweit für den ersten Buben. Ich betete laut, ganz einfache Dinge. Dass Jesus ihn liebt, was mir so einfiel, vielleicht auch der Heilige Geist eingab. Wir sangen die kurzen Gesänge für die Kinder. Immer wenn wir für einen gebetet hatten, durfte der auch für den nächsten mitbeten. Die Kinder hatten

Freude daran. Auffallenderweise waren sie ganz gesammelt. Keine Witze oder Blödeleien, wie sie sonst üblich waren. Irgendwann kam das Sprachengebet dazu. Es kam mir ganz von selbst. Als ich das merkte, erklärte ich es den Kindern kurz. Und plötzlich sang die ganze Klasse in Sprachen.

Schließlich wollten auch die andern, die sich noch nicht dafür entschieden hatten, dass wir für sie beten. Das war der Megahit der ganzen Schule. Die Rabaukenklasse war gezähmt – vom Heiligen Geist.

Ein Junge aus einer anderen Klasse bedauerte gegenüber seinem Vater, dass er nicht in dieser Klasse sei. Aus der schlimmsten Klasse der Schule war eine Musterklasse geworden.

Wie ging es weiter?

Die ganze Klasse wollte jetzt beten. Ich lud sie ein ins Pfarrhaus zu kommen. Die ganze Klasse kam. Im Wohnzimmer auf der langen Sitzecke und auf zusammengesuchten Stühlen saßen sie alle. Wir sangen aus unserem gewohnten Liederbuch. Die Buben beteten frei, was ihnen so kam. Eine ganze Stunde lang. Zehnjährige Buben mit dem einen Mädchen.

Nach der Stunde hatten sie nicht genug. Sie wollten weitermachen. Ich hatte weitere Termine. Da rannten sie alle in die Kirche und beteten dort weiter, eine ganze Weile, bis sie fröhlich und überaus lebhaft, immer rennend, aus der Kirche und nach Hause stürmten.

Kindergruppen

Ich gewann einige Erwachsene, die diese Kinder in mehreren Gruppen übernahmen und mit ihnen beteten, sangen, Bibel lasen oder spielten. Daraus entwickelten sich Kinderbibelwochen. Die Gruppenleiterinnen mit zwei jungen Studentinnen (eine Theologie, eine Sozialpädagogik) bereiteten mit anderen ein Zeltlager im großen Pfarrgarten vor.

Natürlich kamen auch andere, Geschwister, Freunde, Mitschüler und sogar Lehrerinnen dazu. Nachtwanderung zu einem Kreuz. Essen wurde von Frauen gekocht und ins Lager gebracht. Abschluss war eine Eucharistie mit ihren Liedern und einer gespielten Geschichte aus der Bibel. Eine junge Leiterin hält es für wichtig, Kinder schon so früh wie möglich mit dem Glauben vertraut zu machen. Ihnen zu zeigen, dass Glaube etwas Lebendiges ist, dass das Zwiegespräch, das Gebet mit Gott nichts Ungewöhnliches ist, könnten sie auf diesem Vertrauen zu Gott ein Leben lang aufbauen. Sie lernen im Alltag mit dem Glauben umzugehen.

Jugendliche

Bei einem Seminar fiel auf, dass mehrere Jugendliche sich angemeldet hatten. Bei der Einteilung der Gruppen übernahm ich die Gruppe mit den Jugendlichen, etwa zehn. Während des Austausches fragte ich, was sich in der letzten Woche bei ihnen getan hätte. Eine junge Frau stellte fest, was sich bei ihr selbst getan hätte, könne sie noch nicht sagen. Aber bei ihren Eltern würde sich viel tun. Sie redeten jetzt auf einmal über den Glauben, über die Kirche. Manchmal gerieten sie zwar darüber in Streit, wegen Meinungsverschiedenheiten, aber so etwas hätte es vorher in ihrer Familie nie gegeben. Streit schon, aber nicht über den Glauben sprechen.

Diese Jugendliche übernahm noch später den Musikdienst in den charismatischen Gottesdiensten, später mit ihrem Freund und späteren Ehemann, über Jahre hinweg. Die Eltern wurden fromme Kirchgänger, was sie bis dahin nicht waren und wirkten sogar in der Leitung mit.

Übrigens kamen viele vom Dorf und noch mehr von außerhalb durch die Seminare und Heilungsgebete – zum Glauben und zur Kirche zurück. Auch entstanden immer mehr Gebets-Kreise mit Jugendlichen.

Bei den speziellen Gottesdiensten mit jeweils 400 bis 600 Teilnehmern – jeden Monat – waren etwa ein Drittel Jugendliche. Davon wieder etwa ein Drittel Neue, die zum ersten Mal einen solchen Gottesdienst miterlebten, Mitgenommene, Angelockte, Menschen in Not, die oft sonst keine Hilfe mehr zu erwarten hatten.

Die Jugendlichen entwickelten mit der Zeit ihren eigenen, von ihnen selbst gestalteten Lobpreis-Gottesdienst, Montagabends. Mit etwas anderer Musik, anderer Lautstärke ... Aber mit großem Zulauf.

Tage des Gebets

Seit den Anfängen der Charismatischen Gemeinde-Erneuerung, wie sie anfangs hieß, gab es jedes Jahr zwischen Weihnachten und Neujahr sogenannte Tage des Gebets. Aus ganz Deutschland kamen Freunde dieser Art Erneuerung zusammen zu Vorträgen, Lobpreis, Gebet, Austausch, festliche, lebendige Gottesdienste.

Seit ziemlich am Anfang war ich dabei, zunächst in Untermarchtal, auf Schloss Fürstenried, schließlich konzentrierte sich das Treffen auf das Benediktinerkloster Schweiklberg bei Vilshofen in Niederbayern.

Das war mir geistliche Erholung und Freude. Anfangs fuhr ich allein. Später nahm ich Freunde mit, meine Eltern und Geschwister. Schließlich wagten sich Leute aus der Pfarrei mit, aus dem Umfeld des Neuen, das begonnen hatte. 1983 nahmen schon 20 Personen aus unserem Freundeskreis in Schweiklberg teil.

1984 wären es so viele gewesen, dass wir Schweiklberg alleine mit unseren Leuten hätten besetzen können. Das war die Zeit, dass wir selber solche geistlichen Tage begannen. Die leitenden Jesuiten-Patres hatten mich schon lange dazu ermuntert.

1985, in den Tagen nach Neujahr, versammelten sich exakt 77 Personen, davon 31 Jugendliche, im Haus St. Josef in Mindelheim zu den ersten eigenen Tagen des Gebets, mit dem Thema: Die Sakramente als Quellen innerer Heilung.

Mehrere Referenten folgten meiner Einladung. Immer waren auch mehrere Priester mit dabei.

Solche Tage geistlicher Erneuerung wurden zur festen Einrichtung, öfters in Mindelheim. Wegen der großen Zahl an Interessenten wurden die Jugendlichen im Maristenkolleg untergebracht. Mehrere Jahre war auch das Bildungshaus in Reimlingen Gastgeber unserer Treffen.

1989 im Januar waren diese Tage erstmals in der Mehrzweckhalle in Illerberg, mit 58 Teilnehmern aus der Umgebung, plus 15 Kinder, betreut im hausinternen Kindergarten.

Ende Dezember dieses Jahres tagten wir im ehemaligen Priesterseminar bei den Barmherzigen Schwestern in Augsburg mit 70 Teilnehmern.

1990 im Januar hielten wir nochmals solche Tage in Illerberg, besonders für junge Familien mit Kindern.

Diese Treffen waren vollgepackt mit Vorträgen, Austausch-Gruppen, nachmittags Eucharistie mit Predigt und Gebet für Einzelne. Abends gab es Gruppen mit verschiedenen Themen. Später geführte Anbetung mit Einzelgebet.

Während der Eucharistiefeier am letzten Tag des Treffens, meistens der Vormittag an Silvester (abends Gottesdienst in der Pfarrei) war Gelegenheit, die Initiations-Sakramente, Ordensgelübde, Priesterweihe oder Eheversprechen zu erneuern. Für Priester waren alle Freiräume ausgefüllt mit Gesprächen und Beichten.

Nach beiden geistlichen Veranstaltungen, so kurz hintereinander, war ich ziemlich geschafft. Zur Erholung in Oberammergau wurde ich krank, konnte nicht mehr gehen. Eine Thrombose im rechten Knie blieb mir als Erinnerung an diese Hochblüte solcher Tage noch lange erhalten.

Das Wort einer Teilnehmerin nach solchen Tagen
Es geschah viel Tröstendes ohne großen Aufhebens:
Rücksichtnahme, stärkende Zuwendung zum andern, leises Aufmerken auf eine Not und das Mittragen in der Stille des Herzens und vor dem Allerheiligsten …

Die Tage waren ein Fest, wenn auch mitunter hart gerungen und mancher Schmerz ausgehalten werden musste. Der Herr in unserer Mitte schenkte Freude und Frieden. Er ließ Einheit unter Schwestern und Brüdern erfahren und rief ganz konkret in Seine Nachfolge.

»Er hat uns mit allem Segen Seines Geistes gesegnet« – Eph 1,3b.

Beziehung zum Himmel

Maria – an ihrer Hand

Die Rolle der Gottesmutter Maria in meinem Leben.

Kindheit

Meine Mutter hatte eine gute Beziehung zu Maria. Als ihre Mutter starb, war sie zwölf Jahre alt. Ihre Mutter, meine Großmutter war etwas über 30 Jahre alt, als sie im Kindbett verblutete.

Später hat mir meine Mutter erzählt, in diesem Schmerz über den Verlust der Mutter wandte sie sich an Maria mit den Worten: Mutter im Himmel, ich habe keine Mutter mehr. Von jetzt an sollst du meine Mutter sein.

Als Kind erinnere ich mich, dass ich in unserem Kinderschlafzimmer auf einer alten Kommode im Mai ein Maialtärchen aufgebaut hatte. Auf die Kommode einen Fußschemel, darüber ein schönes Tischtuch. In die Mitte eine schöne Porzellanfigur, die Patrona Bavariae, wie sie in vielen Herrgottswinkeln der Bauernhöfe stand.

Die Muttergottes war eingerahmt von frischen Birkenzweigen mit ihrem neuen Grün und immer wieder mit neuen Maiblumen, die wir auf den Feldern pflückten, Margariten, Wiesenschaumkraut oder Veilchen, Annemonen aus den Hecken. Schlüsselblumen …

Als Ministranten gab es jeden Tag während des ganzen Mai eine Maiandacht in der Kirche. Mit großem Eifer war ich dabei. Wir ließen keine Andacht aus. In das Blumenmeer auf dem Maialtar wurde jeden Tag das Allerheiligste ausgesetzt, das Ziborium mit dem Mantel um den Speisekelch. Nur am Sonntag feierlich mit der Monstranz, als alle Kommunionkinder dabei waren, die Mädchen in weiß, die Buben in schwarz. Die Kirche war am Sonntag brechend voll. Schon deshalb, weil die Leute die weißen Mädchen sehen wollten, die diesjährigen Kommunionkinder. Stolz gingen wir im Kommuniongewand mit der Erstkommunionkerze in der Hand, mit den Eltern und Geschwistern zur Kirche, in meinem Jahrgang waren wir genau 64 Mädchen und Buben.

Der Rosenkranz

Einmal gab es eine Gemeindemission. Ein alter Pater, in weißer Kutte, mit Hausschuhen an, hielt jeden Abend einen Vortrag für die Gemeinde. Nachmittags war etwas für uns Kinder. Lange hatte ich eine Serie moderner Bildchen über die Rosenkranzgeheimnisse aufbewahrt.

Wir machten dem Pater das Versprechen, von nun an jeden Tag ein Gesätz des Rosenkranzes zu beten. Er verkaufte oder verschenkte Rosenkränze mit verschiedenen Farben, die typisch waren für die fünf Kontinente. Für Europa waren die Perlen weiß, für Amerika rot, für China gelb, für Ozeanien blau, für Afrika braun oder grün, ich weiß es nicht mehr.

Lange betete ich (wohl fast) täglich mein Gesätz mit diesem Rosenkranz. Sogar als ich mit 18, nach Abschluss einer Banklehre, aufs Gymnasium ging, betete ich jeden Tag nach dem Abendessen mein Gesätz.

Marien-Krise

Später kam meine Beziehung zu Maria in die Krise, im Zuge der Liberalisierung der Kirche. Das Alte galt nichts mehr.

In der Oberstufe des kirchlichen Gymnasiums (sogenannte Spätberufenen-Schule), erst recht beim Studium im Priesterseminar – gab es keine Maiandachten mehr, von wegen einen Rosenkranz.

Die Maiandachten in St. Peter in München waren sehr berühmt. Für uns galten sie als konservativ mit Lauretanischer Litanei auf Lateinisch, viel Weihrauch, Aussetzung, alten Marienliedern aus dem früheren Gebetbuch.

Für uns moderne, aufgeklärte, progressive Studenten – das Letzte. Irgendwann zog mich die Neugierde doch nach St. Peter. Mit einem Freund wollte ich die konservative Maiandacht einmal erleben. Und siehe da: Nach der Maiandacht sahen wir mehrere unserer Mitstudenten aus der Kirche strömen. Jeder war heimlich hingegangen.

Selbst in meiner neuen geistigen Heimat, der Charismatischen Erneuerung, hatte Maria keinen besonders hohen Stellenwert – der Einfluss freikirchlichen Gedankenguts.

Das »Gegrüßt seist du Maria« war verpönt. Es galt als nicht genügend in der Bibel verankert. Dabei ist dieses Gebet mindestens so biblisch wie das »Vaterunser«, wie es uns die biblisch orientierten Evangelischen nach der Liturgie-Reform bescherten.

Als Priester bei ökumenischen Kindergottesdiensten (Martinsfeiern mit Laternenumzug etwa) erklärte ich vor dem Ave den Leuten, dass es bei uns Katholischen der Brauch sei, nach dem »Vaterunser« auch das »Gegrüßt seist du Maria« zu beten. Es sei der Gruß des Erzengels Gabriel an Maria. Wenn ein Erzengel Maria so anspricht, dürfen wir Menschen Maria auch so ansprechen. Mit solcher Motivation beteten auch die Evangelischen mit, nach meiner Beobachtung.

Interessant war für mich festzustellen, dass in der großen Kirche der ökumenischen Mönchsgemeinschaft im berühmten Taizé eine Marienikone hängt, die von Wladimir.

In der Schule Mariens

In Paray-le-Monial, im Burgund, sind – immer noch – jedes Jahr große internationale Treffen der Gemeinschaft Emmanuel. Ich war meistens beim Jugendtreffen dabei, mit damals ca. 5000 Teilnehmern.

Heute gibt es solche Treffen jeden August in Altötting.

Samstag, 17. August 1985

Das erste Geschenk der Muttergottes

In Paray: Die Eucharistie, jedes Mal ein grandioses Erlebnis. Schon der Einzug der etwa 30 Priester, jedes Mal mit einem Bischof oder Kardinal, mit einem frohmachenden Lied begleitet, war eine Freude.

Bei den Konzelebranten, hinter dem Altar, das Gesicht den singenden Leuten zugewandt, kam ich neben den berühmten Pater Tardif aus Santo Domingo zu stehen. Seine Heilungs-Gottesdienste sind weltbekannt. Er hat die Gabe der Heilung in außergewöhnlicher Weise, sogar die Gabe der Wunder.

Vor Beginn der Eucharistie wechselte ich mit ihm ein paar Sätze in Englisch, bezugnehmend auf seinen eindrucksvollen Vortrag am Vormittag. In Paray durfte ich ihn bei mehreren Treffen erleben, einmal auch in Weingarten.

Das zweite Geschenk

Zum Kanon durfte ich als Konzelebrant auf der linken Seite von Kardinal Decourtray von Lyon stehen, sogar ein Kanongebet auf Deutsch beten.

Das war für mich ein besonderes Ereignis. Kardinal Decourtray war durch das Gebet von Charismatikern von Krebs im Halsbereich geheilt worden.

Das dritte Geschenk

Einige Gedanken aus der Predigt des Kardinals, die mich sehr bewegten, obwohl sie so einfach sind, zu der Stelle Maria unter dem Kreuz – Joh 19,27:

Sohn, siehe deine Mutter!
Da nahm sie der Jünger zu sich.
»Nehmt Maria auf in euer Haus.
Nehmt Maria auf in euer Herz.
Nehmt Maria auf in euer Leben.
Nehmt Maria auf in euer Glauben.«

Das vierte Geschenk
Ich saß auf einer Bank in dem großen Circuszelt, die Stöpsel für die Über-setzung im Ohr. Von den bisherigen Ereignissen erfüllt, fühlte ich mich Maria sehr nahe. Irgendwie kam ich auf die Idee: Maria, ich möchte sehen, wie du aussiehst.
Da drehte sich mein Kopf nach links ins Freie:
Da saß auf einem Stuhl eine strahlend junge Schwester, in ihrer weißen Tracht, horchend dem Wort eines alten Priesters, umflossen von den Strahlen der Sonne, dankbar lächelnd, ein lebendiges Bild Mariens.

Das fünfte Geschenk
Ein Ave Maria
vor der Messe
mit allen Priestern
mit Pater Albert, später Bischof

Ave Maria
taucht uns ein
in die Güte, Sanftheit
herzlicher Liebe
der Muttergottes

Tags zuvor, am Freitag (16. August 1985) gab es einige Vorausgeschenke:
Nachmittags war ein großer Heilungsgottesdienst mit Spendung der Krankensalbung. Gut durchorganisiert. Jeweils drei Priester beteten für die Kranken einer Stuhlreihe.

Nach Spendung der Salbung wurde den Kranken von Helfern eine Kerze angezündet.

In unserer Reihe saß ein Afrikaner aus dem Kongo, wie wir später erfuhren. Mir fiel auf, dass er seine Kerze nicht in der Hand hielt, sondern zwischen den Knien festklemmte.

Ich wusste sofort, dass ich ihm die Hände auflegen sollte, was ich auch tat. Abends beim gemeinsamen Gebet stand mein Kongolese, neben vielen anderen auf dem Podium, und gab Zeugnis, dass er heute von einer linksseitigen Lähmung vom Gesicht bis zum Fuß geheilt wurde.

Ein weiteres war ein Wort der Erkenntnis für mich.

Ich dämmerte in der Mittagshitze auf meiner Bank vor mich hin. Plötzlich hörte ich vom Übersetzer die Worte in mein Ohr:

Ein Priester, 42 Jahre alt,

mit Schwierigkeiten in der Gemeinde,

hat seit einigen Monaten Angst,

wahnsinnig zu werden,

auch wegen häufiger Migräneanfälle.

Er konnte bisher mit niemanden darüber reden.

Er braucht keine Angst zu haben.

Das Befürchtete trifft nicht ein.

Wie elektrisiert sprang ich auf, das bin ich.

Ich fühlte mich angesprochen.

Eine junge Französin, die ich gar nicht kannte,

sagte dieses sogenannte Wort der Erkenntnis.

Solche Worte werden einem vom Heiligen Geist

eingegeben. Mit dem Risiko des Vertrauens werden

sie ausgesprochen.

Für mich war es eine Beruhigung.

Später verlor sich die Migräne völlig.

Das wichtigere war – und das ist der eigentliche Sinn solcher Worte – dass der Angesprochene erkennen darf, dass Gott um sein Innerstes weiß, dass er sich um den einzelnen kümmert.

An einem Sonntag in der Pfarrei sprach ich über diese Erlebnisse mit Maria. Nach dem Gottesdienst sagte die Oberministrantin, eine Schönstätterin, die später Marienschwester in Schönstatt wurde:

Herr Pfarrer, heute haben Sie gepredigt wie ein erfahrener Schönstattpriester. Ein größeres Lob hätte ich wohl nicht bekommen können!

Ehe und Maria

Irgendwann kam mir der Gedanke, Maria ist die Königin des Himmels. Also bitte ich sie, allen Menschen ihre Engel zu schicken, sie zu begleiten, zu beschützen, und sie ihrem Sohn zuzuführen, dafür zu sorgen, dass sie in Gemeinschaft mit ihrem, unserem Erlöser leben oder dazu kommen in einer Bekehrung.

In einem Buch über die Botschaft von Fatima hat Maria versprochen, sich um alle zu kümmern, die wir ihrem unbefleckten Herzen weihen.

In dieser Zeit hatte ich mit vielen gefährdeten Ehen zu tun, ich weihte diese Ehen ihrem unbefleckten Herz. Einfach so, im Vertrauen auf ihr Versprechen. Und siehe da, sogar eine Ehe, in der die Eheleute schon getrennt voneinander lebten, ist wieder zusammen gegangen.

Mit den meisten hatte ich persönlichen Kontakt, habe sie besucht, mit ihnen gebetet, um ihnen Mut zu machen, ebenfalls miteinander zu beten, voreinander im Gebet ihr Herz dem zu öffnen, der ihr Herz gebildet hat und den engsten Menschen Anteil nehmen zu lassen, dem sie sich freiwillig eng verbunden haben. Irgendwann lief das dann nicht mehr so.

Einer Frau begegnete ich wieder einmal. Auf meine Frage hin, musste sie mir sagen, dass ihre Ehe gescheitert ist. Sie musste allerdings zugeben, meinen Rat nicht befolgt zu haben, Hilfe im Gebet zu suchen.

Neuer Zugang zum Rosenkranz

Immer noch hatte ich Schwierigkeiten mit dem Rosenkranz beten. Da hörte ich in einer neuen Gemeinschaft vom Rosenkranz als Gebet der Armen. Das hat gezündet. Mit den Armen konnte ich mich solidarisieren. Arm fühlte ich mich selber, geistlich arm.

In einem längeren Warten auf die Hausgemeinschaft – sie hatte sich auf einer Feier verspätet – betete ich, in der Kapelle hinter einer Ikone versteckt, in der Nähe des Tabernakels, zum ersten Mal in meinem Leben alle drei Rosenkränze hintereinander und seitdem natürlich öfters.

Marienweihe

Mein Freund, Koreamissionar, ist ein großer Marienverehrer. Auch mich wollte er dazu immer bekehren. Irgendwann erzählte er mir, dass er auf den Rat eines guten Priesterfreundes die Weihe an Maria gemacht habe. Das habe sein Leben verändert. Ohne diese Weihe wäre er ein normaler Pfarrer geworden wie andere auch. Aber mit Hilfe Mariens habe er der werden dürfen, der er ist. In Korea ist er hochangesehen, anders als in seiner Heimat (Der Prophet im eig'nen Land ...).

Immer wenn ich irgendwo in der Welt Koreaner gesehen habe, jetzt auch viele in Medjugorje, habe ich sie nach Ha Shinbunim gefragt: Oh, Ha Shinbunim, den kennen wir natürlich. Er ist großer Priester in Korea. Blaue Armee, Fatima, Maria und andere Stichworte fallen.

Einmal wollten wir uns in Lourdes treffen. Er war mit einem Freund, einem Mary-Knoll-Missionar, von Fatima nach Lourdes gekommen. Ich mit einem Freund mit dem Auto, meine erste Reise nach Lourdes. In einem Telefonat merkten wir, dass wir zur gleichen Zeit in der Gegend wären. Wir machten einen Treff aus bei der Info-Stelle in Lourdes. Es klappte nicht.

Mit meinem Freund besuchte ich die Sehenswürdigkeiten, u.a. die Pfarrkirche, das Gefängnis, in dem die Familie Soubirou zum Zeitpunkt der Erscheinungen wohnte. Im Gefängnis hatte ich irgendwie die Idee, nochmals in die Pfarrkirche zu gehen, obwohl wir gerade dort waren. Wir gingen also nochmals hinein, etwas um die Mittagszeit. Wir hörten das Stundengebet singen. Wir gingen nach vorne. Links vom Hochaltar knieten die beiden Korea-Priester und sangen die Sext. Die Freude über diesen »Zufall« war groß.

Im Kontakt mit verschiedenen Indern und Inderinnen erfuhr ich, dass es in Indien normaler Brauch sei, dass jedes Kind, nach Erstkommunion und Firmung, nach entsprechender Vorbereitung auch die Weihe an Maria machte.

Nach einer Vorbereitung anhand des Goldenen Buches vom heiligen Ludwig-Maria Grignion von Montfort machte auch ich endlich die Weihe an die Gottesmutter Maria. Ich hatte nicht alles verstanden in dem Buch, aber auf sein Wort hin gab ich noch mehr als bisher mein Leben in die Hand Mariens.

Seit Jahren habe ich es mir angewöhnt, jeden Tag beim Morgengebet den ganzen Tag und alle Menschen, die zu meinem Leben gehören und für die ich Verantwortung trage, dem Unbefleckten Herzens Mariens und dem Heiligsten Herzen Jesu zu weihen, anzuempfehlen. Und zumeist auch abends für die Nacht und alle Nächte.

Medjugorje

1988 war ich erstmals mit einem Studenten, der heute Priester ist, in diesem neuen Wallfahrtsort. Damals mit einem Privatflug, mit einer Cesna von Friedrichshafen nach Mostar. Drei Passagiere, zwei Piloten. Während des wunderschönen Fluges über die Alpen fragte mein Student zaghaft, ob wir den Rosenkranz zusammen beten könnten. Der dritte im Bund, ein Berufsschullehrer aus dem Fränkischen wehrte ab, das sollten wir lieber alleine machen.

Auf dem Rückflug, nach nur zwei Tagen, kaum saßen wir angeschnallt in der Kabine, fragte derselbe: Sollen wir einen Rosenkranz beten? Er war eigens zum Beichten nach Medjugorje geflogen, dem Beichtstuhl der Welt, wie Medjugorje genannt wird.

Ich habe mir alle wichtigen Zeiterscheinungen – geistlich-kirchlicher Art – selbst angeschaut. Ich vertraute nicht dem zumeist negativen Urteil anderer Nicht-Augen- und Ohren-Zeugen. So wichtige Phänomene für unsere Zeit. Die wollte ich mir selber anschauen. Mich nicht mit negativen Urteilen anderer begnügen. Als denkender, auch suchender Mensch, kann ich den Urlaub doch nutzen, an solche Orte zu fahren, um mir ein eigenes Urteil zu bilden.

Solches Anschauen und Miterleben hat mein Christsein, natürlich erst recht mein Priestersein entscheidend geprägt und verändert. Immer wieder neu.

Als ich bei diesem ersten kurzen Besuch in Medjugorje alle wichtigen Orte besucht hatte, sogar einen Gottesdienst mit Predigt in der Pfarrkirche feiern durfte, wollte ich noch Beichte hören. Was ich da erlebt hatte, dass sich in wenigen Tagen Menschen bekehren, sprich einsehen, dass sie bisher falsch gedacht haben – das hat mich völlig überzeugt. Das geschieht in einer Normalgemeinde nicht, nicht so schnell. Da muss was dran sein an diesem Gnadenort.

Während des Krieges war ich mehrmals an diesem neuen Wallfahrtsort, immer bei der Familie von Jelena, ganz in der Nähe der Kirche. Vom Balkon aus sah man auf die Kirche, konnte das von Lautsprechern übertragenene Rosenkranzbeten und die Gottesdienste mitverfolgen.

Es waren wenige Pilger anwesend. Jeden Tag durfte ich für die Deutschen Eucharistie mit Predigt feiern in der kleinen Kapelle an der Kirche, gegenüber der Sakristei, in der noch zur kommunistischen Zeit viele Erscheinungen waren. Auch der frühere Erzbischof von Split, Franc Franic, feierte dort gelegentlich Eucharistie.

Zweimal war ich mit meiner Pfarrhausfrau von Pater Slavko ins Pfarrhaus zum Mittagessen eingeladen. Mehrere Patres waren anwesend, darunter Pater Ivan, der damalige Pfarrer der Gemeinde, der in Augsburg Theologie studiert hatte.

In seiner unverwechselbaren, liebenswerten Art stellte Pater Slavko seine Mitbrüder vor. Über einen etwas korpulenten Pater sagte er, dass er gerne esse, aber alles in Liebe verwandle. Die Atmosphäre war sehr locker und fröhlich. Es gab ein gut gewürztes Gulasch. Pater Slavko aß nur etwas Erbsengemüse und ein Stück Brot. Er bereitete sich auf den Jahrestag der Erscheinungen vor. Er tat aber dabei so, als sei er ständig am essen. Sein Fasten fiel überhaupt nicht auf. Ein Satz, den er öfters wiederholte, als ich erzählte, was ich so machte und jetzt in einem Sabbatjahr stehe: Wo steht das, dass man ausgeruht und gesund sterben müsse?

Offensichtlich hatte er Freude an dieser seiner persönlich gelebten Weisheit. Wie wir alle erschüttert miterleben mussten, ist er mit 54 Jahren auf dem Kreuzberg gestorben, am 24. November 2000.

Ihm ist es zu verdanken, dass die Bewegung, die die Erscheinungen ausgelöst haben, in gute Bahnen und neue Traditionen gelenkt wurden, wie den Kreuzweg auf den Kreuzberg mit der Pfarrei zu gehen, jeden Freitag zur Todesstunde Jesu. Die vielen sozialen, karitativen Einrichtungen wie das Cönakolo für Drogenabhängige, das Mutterdorf für Waisenkinder und werdende Mütter in Not. Die Ansiedlung neuer Gemeinschaften wie die Seligpreisungen, Oase des Friedens und andere.

Später begleitete ich immer wieder Pilger, die mit einem Bus dorthin fuhren. Hier einige Aussagen von Pilgern, die immer wieder zu hören sind, die ich auch persönlich bestätigen kann:

– Nach Medjugorje zu kommen ist wie nach Hause kommen.
– Überall an diesem Ort ist ein Friede, sogar physisch spürbar.
– Hier fällt das Beten leicht.

Heilungen

Bei einer solchen Reise wurde eine Ärztin von einem unheilbaren Leberkrebs geheilt, von ihren Kollegen bestätigt mit der Formulierung, ihr neuer Zustand sei medizinisch nicht zuzuordnen.

Ein Jahr vorher war ein Tumor in der Brust einer Ordensschwester aus Tansania bei der Untersuchung vor der geplanten Operation nicht mehr vorhanden. Ein Jahr später wurde der Befund bestätigt.

Ein Besuch bei Pater Jozo Zovko in Siroki Brijeg, etwa 30 Kilometer von Medjugorje entfernt, ist regelmäßig auf dem Programm. Die Pilger sind ohne Ausnahme sehr beeindruckt von diesem Priester, dem Pfarrer von Medjugorje während die Erscheinungen begannen.

Nach anfänglicher Skepsis war er bald überzeugt von ihrer Echtheit. Er musste für seine Überzeugung, für sein Einstehen für die Seher, damals noch Kinder und Jugendliche, für eineinhalb Jahre ins Gefängnis. Pater Jozo erklärt die Bedeutung der Erscheinungen – die Bedeutung für die Kirche und für jeden einzelnen. Jedem Pilger schenkt er einen Rosenkranz und ein Bild mit der Gospa, wie Maria auf kroatisch genannt wird.

Bei der letzten Pilgerfahrt hat mich ein Satz des Paters tief berührt, als er uns gebeten hat, das Bild anzuschauen: Ich bin deine Mutter.

Eine Beobachtung oder ein Trend der Gegenwart

Gerade bei den neuen geistlichen Gemeinschaften, bei den großen und den kleinen, glaube ich einen Trend zu beobachten:

Gemeinschaften, die Maria in ihr Haus aufgenommen haben, sind gewachsen, so groß geworden, dass sie ebenfalls große Beachtung innerhalb und außerhalb der Kirche gefunden haben.

Die Gemeinschaft der Seligpreisungen (früher Löwe von Juda), die Gemeinschaft Emmanuel, auch die Bewegung von Taizé möchte ich als Beispiele erwähnen.

Es geht bei Maria nicht nur um ein Hobby, also um eine Nebenerscheinung. Es geht um etwas Wesentliches.

Zum Wesentlichen von Jesus gehört, dass er Mensch gewordener Sohn Gottes ist.

Dann muss auch die (neue) Frau zur wesentlichen Botschaft des Christlichen gehören, die diese Menschwerdung des Gottessohnes durch ihr vertrauendes wie gehorsames Ja ermöglicht hat.

Außerdem ist das biblisch:
– Gesegnet bist du mehr als alle anderen Frauen (Elisabeth zu Maria) – Lk 1, 42.
– Von nun an preisen mich selig alle Geschlechter (Maria über sich selbst) – Lk 1, 48.
– Selig der Leib, der dich getragen und die Brüste, die du getrunken hast (eine Frau aus dem Volk; wörtliche Übersetzung) – Lk 11, 27-28.

Pater Slavko Barbaric (1946 – 2000)

Pater Slavko, wie ihn die meisten nannten und nennen, bin ich mehrmals begegnet. Seit Januar 1982 war der Franziskaner für die Betreuung der Pilger zuständig. Zweimal hat er uns ins berühmte Pfarrhaus zum Mittagessen mit den Mönchen eingeladen, in dem während des Krieges viele Erscheinungen stattfanden.

Mehrmals haben wir mit ihm Eucharistie gefeiert. Einmal war ich Hauptzelebrant, während er statt meiner die Predigt übernahm. Ich freute mich und begrüßte ihn, Pater Slavko, ein Geschenk der Mutter Gottes …. Ein Konzelebrant machte mich auf diesen Ausdruck aufmerksam, er sei prophetisch. Das machte mir bewusst, was man so alles sagt, ohne sich über dessen Bedeutung immer ganz klar zu sein.

Bei Exerzitien, die Pater Slavco in Deutschland gab, kam natürlich die Frage, ob die Erscheinungen in Medjugorje echt seien. Er zuckte mit den Schultern. Er sagte, auch wenn die Erscheinungen nicht echt wären, wir müssen trotzdem die vielen Pilger betreuen, Gottesdienste feiern, die Beichten abnehmen (Medjugorje wird der Beichtstuhl der Welt genannt) … .
Zur Frage der Echtheit sagte er nur:
Wenn der Teufel sagt, dass die Menschen
1. täglich die Messe mitfeiern sollen;
2. täglich in der Bibel lesen sollen;
3. jeden Tag (drei Rosenkränze) beten sollen;
4. jeden Monat zur Beichte gehen sollen;
5. mittwochs und freitags fasten sollen, bei Wasser und Brot …

Die fünf Punkte nannte Maria die fünf Kieselsteine des kleinen David als Waffen gegen die scheinbare Übermacht des Zeit-Geistes Goliath.

1999 im Oktober waren wir mit einer Pilgergruppe in Medjugorje. Wir hatten in aller Frühe Eucharistie gefeiert in der Anbetungskapelle. Danach verabschiedete ich mich in der großen Kirche von der Gospa (Kroatisch für Madonna). Beim Verlassen der Kirche betrat Pater Slavko gerade die Kirche. Ich verabschiedete mich auch von ihm. Er gab mir einen Klaps auf die Schulter, wobei er nur sagte: Tschüss bis zum nächsten Mal. Ganz unkompliziert, ohne Pathos oder Dramatik. Er nannte mich immer Padre.

Gegen Ende von Exerzitien sagte er aus seinem inneren Frieden:

Es ist egal, ob du Nonne, Mönch oder Priester geworden bist oder – geheiratet hast. Am Ende ist entscheidend, ob du in der Liebe gewachsen bist.

Das war eines seiner Lieblingsworte in seinen letzten Jahren: In der Liebe wachsen.

Gebete zu Maria

Herr Jesus Christus,
als Hoffnung für alle Völker
bist du aus dem Schoß
deiner Mutter hervorgegangen.
Als Toter kehrst du in den Schoß deiner Mutter zurück,
vom Hass der Menschen zerbrochen,
vom Missbrauch der Macht gemordet.
Erbarme dich unser!

Heilige Maria, Mutter Gottes,
Die Freude deines Mutterseins
wurde zu Trauer.
Die Erfüllung deines Lebens
wurde zu sinnloser Leere.
Dein hochherziges Ja
verklang in höhnischem Umsonst!
Bitte für alle verzweifelten Mütter.
Bitte für alle zerstörten Leben.
Bitte für alle, deren hohe Ideale
verhöhnt werden.
Bitte für alle wegen ihrer Treue
zu deinem Sohn Verfolgten.
Bitte um die Bekehrung aller Menschen
zu deinem Sohn.

Herr Jesus Christus,
segne dieses Zeichen deiner Hingabe.
Segne dieses Zeichen des Leidens
deiner Mutter.
Es soll uns erinnern
an den Preis unserer Sünden.
Es soll uns erinnern
an das Leid allen Tötens.

Heile unsere Herzen
von Hass und Zerstörung.
Heile die Völker von der Lust
am Morden.

Tröste alle, die einen lieben Menschen
hergeben mussten.
Tröste uns alle
im Gedanken ans eigene Sterben
mit der Hoffnung an die
Auferstehung
in der Sonne
des Ostermorgens.

Am Fest Geburt Mariens

Maria, ich liebe dich:
Deine Schönheit, Deine Reinheit,
Deine Demut,
Deine Bescheidenheit, Deine Armut.

In den Augen der Welt unbedeutend,
bist du die Größte vor Gott.
In dir zeigt Er uns,
worauf Leben ankommt.
Ich liebe dich.
Du sollst die Frau
in meinem Leben sein,
Maria.

Begegnung

Neujahr 1979 in Fürstenried:
Ich durfte den Neujahrs-Gottesdienst halten im Kreis der Teilnehmer an
den Tagen des Gebets. Nach der Kommunion war Stille – Anbetung.
Ich war glücklich. Aber nicht ganz. Ich redete mit Jesus in meinem
Herzen:

> *Jesus, ich bin glücklich.*
> *Ich danke dir für dieses Glück.*
> *Aber etwas ist da noch,*
> *es lässt mich nicht in Ruhe.*
> *Ich habe alles,*
> *ich habe dich.*
> *Was fehlt mir noch?*

In diese Stille hinein sagte ein Kind: *Maria!*

Es hielt sich auf einem Gang, außerhalb der Kapelle auf, mit seiner Mutter,
die Tür war offen zur Kapelle.
Ich verstand.
Ich bekam die Antwort aus dem ahnungslosen Mund eines Kindes.

> *Heilige Maria,*
> *du schenkst mir*
> *deine Zartheit,*
> *deine Frauenliebe.*
> *Du bist die Mutter*
> *aller Menschen.*
> *Jeder darf zu dir*
> *kommen.*

Keiner braucht eifersüchtig zu sein.
Wie ein Kind, satt an Mutterliebe:
Es freut sich über deine Liebe
zur Schwester, zum Bruder.

Heilige Maria,
du bist Jungfrau,
du bist Mutter,
derselbe Mensch,
derselbe Leib:
Jungfrau und Mutter.
Begleite mein Leben.
Begleite mein Wirken,
mein Ringen.

Sei gegrüßt,
du Jungfräuliche Mutter.
Die Muttergottes wurde mit Leib und Seele
in die Gemeinschaft mit Gott aufgenommen.
Ihre Person blieb unberührt von der Sünde.
Ihr Frausein ließ keinen Raum für die Bosheit.
Ihr Leib hat den Sieger über Sünde und Tod getragen und genährt.
Ihr Leib konnte nicht mehr in vergängliches Nichts zerfallen.

Ihr Sohn lebt in der Auferstehung.
Auch die Mutter ist Raum der Auferstehung.
Mutter und Sohn sind uns Zeichen der Hoffnung:
Unser Leib ist gerufen zur Auferstehung.

Seit der Taufe trägt der Christ
die Spuren des auferstandenen Lebens auf seinem Leib:
Liebe zu Christus,
Freude am Vater.

Engel-Geschichten

Die Engel sind seit einigen Jahren wieder aktuell geworden. Nicht einmal von der Kirche. Wenn die Engel aus dieser Ecke zur Sprache gekommen wären, wäre dieses Thema bald wieder nach vielen Pro und Kontras verschwunden.

Die Engel kamen aus der esoterischen Ecke. Da die Esoterik in ist, sogar in der Kirche, konnten die Engel die ganze Gesellschaft durchdringen bis zu Erinnerungsfotos an die lieben Kleinen mit Engelsflügeln (Kitsch kennt keine Grenzen).

Engel – vermuten wir – sind glückliche Wesen. Was macht ihr Glück aus? Als ich darüber nachdachte, ist mir folgendes gekommen:

Erstens: Engel leben immer in der Gegenwart Gottes. Die Erzengel stehen direkt vor Gott. Einer stellt sich sogar dem greisen Zacharias im Tempel als solcher vor: Ich bin Gabriel, der vor Gott steht – Lk 1,19.

Zweitens: Es ist das Glück und die Freude der Engel, Gottes Befehlen sofort und unmittelbar zu – gehorchen. Sie hören ständig auf Gott. Und gehorchen ihm sofort – ohne Wenn und Aber.

Wenn uns das immer gelingen würde, würden wir sicher auch so strahlen und glücklich sein – wie ein Engel.

An den Heiligen erkennen wir das, wie etwa an der inzwischen schon selig gesprochenen Mutter Teresa aus Kalkutta.

Trotzdem – wenn man heutzutage über Engel spricht, nicht ausdrücklich in einem eigenen Thema, nur so nebenbei als Randbemerkung, muss man sich vorher entschuldigen, indem man darauf hinweist – ich wenigstens mache das so –, dass ich nicht zum Engelwerk gehöre und schon gar nichts mit Esoterik zu tun habe, um allen eventuellen Verdächtigungen vorzubeugen.

Im Laufe eines gewissen Wachstums im geistlichen Leben ist mir der Himmel immer näher gekommen. Die Heiligen spielten eine immer größere Rolle. Auch die Engel, die wirklichen, nicht nur die menschlichen, die es zweifelsohne auch gibt. Wer auf den Heiligen Geist hört, auf seine inneren Anregungen, den sendet er als einen Boten. Aber auch das offensichtliche Wirken der Engel des Himmels, die direkten Boten Gottes, ist zu erleben.

Ich habe viele solche Erlebnisse mit Engeln gehört, die ich aber hier nicht aufzählen will. Ich möchte nur einige wenige aus meiner eigenen Erfahrung hier bringen.

Es gab eine Zeit, da sind mir fast täglich Autos auf meiner (rechten) Spur entgegengekommen. In solchen bedrohlichen Situationen denkst du hundert Gedanken auf einmal, u. a.: Der muss dich doch sehen. Das gibt es doch nicht. Aber nein, er fährt auf dich zu, ohne was zu merken. Du hupst oder blinkst mit dem Fernlicht. Im letzten Moment dreht er ab. Manchmal bin ich erschrocken, im Laufe der Zeit immer weniger, cool geblieben.

Bei anderen Gelegenheiten, wo es eng zuging, dachte ich, das gibt einen Crash, mit Sicherheit, aber nichts. Meiner Perspektive nach müsste ich das andere Auto berührt haben. Aber nichts geschah.

Einmal gab es einen Crash. Junge Leute fuhren nach der Schule von rechts aus einer Seitenstraße heraus. Meine Fahrerin reagierte sofort, wich nach links aus. Die Autos stießen doch noch zusammen, an den Stoßstangen. Es krachte. Bei Besichtigung des vermuteten Schadens stellten wir fest: An unserem Auto war nur ein kleiner Kratzer, am andern überhaupt nichts zu sehen.

In den Bergen, auf den engen Pass-Straßen, um eine unübersichtliche Ecke, hatte ich nicht selten plötzlich den Impuls zu hupen. Tatsächlich kam mir in der Kurve ein nicht so vorsichtig fahrender Bergkamerad entgegen, der gerade noch ausweichen oder bremsen konnte. Ohne Hupen hätte es gekracht.

Andere Beispiele, selbst erlebt oder aus meinem Umkreis:

Wenn ich dich nicht angerufen hätte, hätte ich abends noch gekniffen. Ich war doch recht kleingläubig und ängstlich.

Aber schon auf dem Weg hatte ich das Gefühl, dass eine Schar Engel hinter mir hermarschiert. Das hat mir Mut gemacht. Ich habe deinen Rat befolgt und den hl. Michael zu Hilfe gerufen, auch während des Gesprächs.

Als mein Mann kam, bin ich auf ihn zugegangen und wir sind ins Gespräch gekommen und haben eine ganze Stunde miteinander reden können in sehr großer Ruhe und Offenheit. (aus einem Brief, 1985)

Ich lag so richtig in meinem Elend auf der Sitzbank im Wohnzimmer des Pfarrhauses. Bandscheibenvorfall. Ich konnte kaum gehen. Der Gang zur Toilette war ein Martyrium. In diesem Zustand wandte ich mich an den Herrn, nicht nur einmal.

Da spürte ich irgendwie auf beiden Seiten zwei riesige Wesen neben mir. Riesige Kerle waren das, meinem Empfinden nach. Sie waren einfach da.

Ein Gefühl von Trost und Geborgenheit, nicht verlassen zu sein, kam in mir hoch.

Ja sogar so etwas wie Freude: Wir sind mit dir.

Oder: Die Pfarrhausfrau musste einen wichtigen Arzttermin wahrnehmen. Sie hatte Angst, was dabei herauskommen würde. Ich sollte mitfahren, konnte aber nicht wegen eines eigenen Termins. Sie weinte, bei solchen Sachen sei sie immer allein. Das Schicksal der Ehelosen. (Auch der Verheirateten?)

Traurig fuhr sie aus dem Hof. Was sollte ich tun?

Ich bat den Herrn, ihr einen Engel des Trostes zu schicken. Ich selbst kam sofort in einen inneren Frieden. Ich bat noch um Rückmeldung, ohne dass ich fragen müsste.

Die Sache war durchgestanden. Alles war gut. Sie erzählte, auf dieser Fahrt in die Stadt sei es eigenartig zugegangen. Die Trauer über ihr Alleinsein sei auf einmal wie weggeblasen gewesen. Keine Angst mehr vor dem Bevorstehenden.

Es war ihr, als sei neben ihr auf dem leeren Sitz jemand gesessen, von dem dieser Friede ausgegangen sei.

Für den Alltag

Jeden neuen Tag beginne ich selbstverständlich mit einem persönlichen Gebet. Ich suche die Beziehung zu Christus, dem Herrn über den mir neu geschenkten Tag.

Dabei suche ich, mir das Gesicht Jesu vorzustellen. Gelingt das einigermaßen, suche ich seinen Blick, ihm in die Augen zu schauen.

In diesem Blick – wohl eine Art Projektion – sehe ich, was alles bei mir nicht in Ordnung ist. Das ist Stoff für das erste Gespräch mit ihm.

Die Konzentration auf das Gebet gelingt auf diese Weise schneller und ich bin auch schneller in seiner Gegenwart.

Ich weihe alle Menschen, die mit meinem Leben verbunden sind, dem Heiligsten Herzen Jesu mit der Bitte, Jesus möge all diese Menschen in seinem kostbaren Blut schützen, sie immer weiter in seine Liebe führen.

Für alle, die in einem besonderen Kampf (gegen das Böse) stehen, besonders aber für die Priester, bitte ich Jesus, er möge ihnen seine Waffenrüstung anlegen (frei nach Eph 6, 14-17).

Dann versuche ich, mich in die Liebe meiner Mutter Maria zu bergen, mich, meine Familie und alle Menschen, die zu meinem Leben gehören, gehört haben und geistlicher Weise immer noch gehören. Was du dir einmal vertraut gemacht hast, dafür bist du zeitlebens verantwortlich (Exupery, Der kleine Prinz). Dazu gehören auch alle, zu denen ich keinen direkten Kontakt mehr habe.

Menschen als Engel

Die wirklichen Engel als Geister brauchen nicht immer selber aktiv zu werden. Gott verwendet nicht selten, vielleicht öfters sogar als die himmlischen Geister – Menschen als Engel, als seine Boten.

Bei einer schwierigen Tätigkeit wünschen wir uns, wenn doch jetzt Hilfe käme oder die oder die Person. Und im nächsten Augenblick steht sie vor der Tür mit dem Effekt: Das gibt es doch nicht! Das ist doch nicht die Möglichkeit!

Ein anderer Fall. Ich bin schon längere Zeit mit irgendeiner Frage beschäftigt. Ich finde keine Lösung. Im Unterricht kommen wir auf eine Frage. Ein Kind gibt Antwort. Und siehe da, das ist die Lösung.

Mir haben Kinder schon oft Lösungen von Fragen geliefert, auf die ich selbst nicht gekommen wäre.

Man muss wachsam sein. Und die Dinge im richtigen Augenblick erkennen.

Einmal war dies der Fall im Gespräch mit einem Mann. Kein Kirchgänger. Wir redeten halt so miteinander. Wie solche Gespräche so laufen. Plötzlich sagte der einen Satz. Das war für mich die Antwort auf eine Frage. An die Frage selbst erinnere ich mich nicht mehr. Aber mein Erstaunen, dass der Heilige Geist auch solch eine Person benutzt, um mir etwas zu sagen – das blieb mir in Erinnerung. In zweifacher Hinsicht.

Gelegentlich kommt mir irgendeine Person in den Sinn, zumeist von früher. Eine Zeit später kommt ein Brief oder ein Anruf oder ich treffe diese Person sogar persönlich.

Inzwischen konnte ich mich mit ihr auseinander setzen, für sie beten, mich innerlich versöhnen oder was da noch aufzuarbeiten oder vorzubereiten war. Die Begegnung wird anders als wenn ich überraschend mit ihr konfrontiert worden wäre. Ich war vorbereitet.

Meine Heiligen

Ein geistlicher Mann unserer Zeit hat gesagt: Die Heiligen erwählen uns. Nicht wir die Heiligen. Konkret heißt das: Die Heiligen erwähl(t)en mich. Nicht ich suche mir einen Heiligen aus.

Vorausgesetzt, dass diese kühne Behauptung stimmt – ich selbst habe keinen Zweifel daran, denn mir sind einige Unklarheiten verständlich geworden – dann gibt es einen oder mehrere, vielleicht von Gott beauftragte Heilige, die für mich und mein Leben mit Gott zuständig, verantwortlich sind.

Weiter bedeutet das, dass der Himmel von sich aus Kontakt zu mir als einzelnen aufnimmt. Natürlich zu jedem Menschen.

Ein Beispiel soll diese Ansicht unterstützen:

Die Heilige Teresa von Jesus, von Avila
(1515 – 1582) – Fest 15. Oktober
Meine Mutter hatte sie als Namenspatronin. Seit Kindertagen weiß ich von einer schönen, farbigen Figur der Heiligen Theresia, wie sie oft auch beschrieben wird. Es war aber die heilige Theresia von Lisieux. Früher wusste man nicht so viel über die Heiligen. Also eine stand wohl für die andere.

Von der Hagiographie her imponierte mir die Große Teresa sehr – mit ihren Visionen, ihrem mystischen Gebet, hochspannenden Leben, sogar verliebt war sie einmal … . Eine geisterfüllte Frau unserer Tage nannte sie, im Zusammenhang mit der Rolle der Frau in der Kirche: Sie war eine Frau wie es keinen Mann gibt.

In meiner ersten Pfarrkirche ließ ich zum guten Abschluss der Kirchen-Renovierung eine schöne Figur anfertigen. Es war gerade ihr 400. Todesjahr. Zur Segnung dieser schönen holzgeschnitzten Skulptur hielt ich eine Predigt über ihr Leben, natürlich nicht wie überall zu hören in jenem Jahr über ihr Wort »Gott allein genügt«, sondern ein anderes Wort: Gott hat mich überwältigt.

Auf das Buch als Symbol für die Kirchenlehrerin ließ ich schreiben: Misericordias Domini, in aeternum cantabo.

In all meinen Anrufungen spürte ich irgendwie, dass ich bei ihr nicht so recht ankomme. Und sie nur anzurufen, wenn ich unter einer Fliegen- oder Schnaken-Plage (Stechmücken) litt, schien mir ihrem Niveau nicht angemessen. Mehrere Male glaubte ich, in dieser speziellen Frage Gebets-Erfolg zu haben.

Aber es ging nichts mit der Heiligen Teresa von Avila. Sicher war sie zu groß für mich. Und ich ihr zu klein, dachte ich.

Die Heilige Theresia vom Kinde Jesu, von Lisieux (1873 – 1897) – Fest 1. Oktober

Darauf begnügte ich mich mit der Kleinen Thérèse, wie sie von Insidern vertraulich genannt wird. Ihre Autobiographie hatte ich im Seminar schon mal gelesen. Ich war fasziniert davon wie selten von einem Buch. Aber irgendwie war sie mir ein zu verwöhntes Töchterlein mit ihrem geliebten Papi, ihren frommen Schwestern ...

Bischof Stimpfle brachte in unsere neu renovierte Kirche, natürlich mit einem neuen konzilsgemäßen Volksaltar (neuerdings heißt er Zele- brationsaltar, noch neuerer nur noch Altar, weil es ja auch nur einen Jesus gibt, selbst wenn eine Kirche zehn Altäre besitzt...).

Als Reliquien senkte der Bischof Reliquien der Heiligen Thérèse von Lisieux ein, was mich gar nicht so freute – damals war sie auch noch nicht zur Kirchenlehrerin avanciert – außer ihr zudem Reliquien der (damals auch nicht sehr bekannten oder verehrten) erst Seligen Crescentia von Kaufbeuren und – Reliquien der Heiligen Martyrer von Uganda.

Unsere Diözese hatte damals eine Patenschaft für Uganda zum Auf- bau einer Kirche, eines Krankenhauses, einer Schule, eines Pfarrhauses und – sogar ein Karmelitinnenkloster mit Konvent aus der Diözese sollte an der Stätte des Martyriums dieser afrikanischen Kinder und Jugendli- chen wirken.

Im Jubel-Jahr 2000 feierte Papst Johannes Paul II mit Tausenden Priestern aus aller Welt seinen 80. Geburtstag, bei dem ich mit einem Priester-Freund als Konzelebrant teilnahm. Nach dem Fest-Gottesdienst lief uns ein älterer Kardinal über den Weg. Wir baten ihn um seinen Segen. Er sprach Deutsch, kannte unseren Bischof Stimpfle gut. Im weiteren Gespräch stellte sich heraus, dass er der erste Bischof von Mityana-Uganda war (und später Kardinal).

Natürlich habe ich über ihr Leben und Martyrium gelesen (außer dem Buch von Wilhelm Hünermann habe ich nichts bekommen).

Jetzt musste ich die Heilige Theresia mögen. Ich beschäftigte mich wieder mehr mit ihrem Leben, pilgerte mehrmals nach Lisieux, wurde geradezu gebetssüchtig an ihrem Schrein, verliebte mich in die Schönheit ihrer Heiligkeit. Die Gestalt im Schrein ist geschnitzt. Das ist sie nicht wirklich. Ihre Gebeine ruhen im Sockel des Schreins.

Außerdem erlebte ich sie bei ihrer ersten Reise in die Welt in Altötting während eines Jugendforums der Gemeinschaft Emmanuel. Auch Kardinal Schönborn und die berühmte Schwester Emmanuel von den Müllmenschen in Kairo gaben ihr damals ihre Reverenz.

In Lisieux ließ mich der Sakristan meinen Namen in eine Petitionsliste zur Ernennung als Kirchenlehrerin eintragen – große Ehre.

In meiner zweiten Pfarrkirche bauten wir den Chor konzilsgerecht um. Zur Einweihung des ebenfalls neuen Altars, Pfingstmontag 1998, erbat ich von Bischof Viktor Josef Dammertz Reliquien der Heiligen Theresia von Lisieux, der Seligen Crescentia von Kaufbeuren und eines Bistumsheiligen.

Diesmal wollte ich die bekommen, die *ich* wollte – mit dem einen Unterschied, der Bischof ermutigte mich, mir die Reliquien selbst zu besorgen. Da hast du's!

Natürlich gab ich nicht auf. Ohne viel Suchen und Werben bot ein Priestersohn der Gemeinde, der sich in seiner Heimat wieder niedergelassen hatte an, für den neuen Altar eine Reliquie der Heiligen Theresia von Lisieux zu stiften. Er hatte sie von einem Bischof in Indien aus Dankbarkeit geschenkt bekommen.

Die Reliquie der Seligen Crescentia durften wir in Kaufbeuren selbst von der damaligen, sehr entgegenkommenden, ja liebenswürdigen Generaloberin abholen. Dabei erhielten ich und der mich begleitende Priester eine Reliquie für uns persönlich. Einige Schwestern des Konvents nahmen an der Altarweihe und dem anschließenden Empfang teil.

Als dritte Reliquie bekamen wir den von Bischof Stimpfle wieder entdeckten und zu Ehren gebrachten heiligen Bischof Simpert (778 – 807), den dritten Diözesanpatron (Fest 13. Oktober).

Diese drei Reliquien wurden zwischen dem Bischofshaus in Augsburg und dem damaligen Pfarrhaus mehrmals hin- und hergeschickt – natürlich standesgemäß durch erwählte Boten – aber das ist eine andere Geschichte. (Bonmot aus dieser Sache: Die Heiligen halten uns auf Trab.)

Die Heilige Crescentia von Kaufbeuren
(1682 – 1744) – Fest 5. April
2001 am Christkönigssonntag wurde die Allgäu-Schwäbische Selige heilig gesprochen.

Wie ich zu dieser Heiligsprechung kam, ist der beste Beweis dafür, dass der neuen Heiligen offensichtlich daran gelegen war, dass ich dabei sein sollte. Zwei Tage vor dem großen Ereignis fuhr ein Weihekurskollege mit seinem Auto eigenhändig dorthin. Zufällig ergab es sich, dass ich, wie er sagte, sein betender Beifahrer sein sollte. Ein großes Ereignis, das zu beschreiben hier nicht der Platz ist. In den neu geweihten Altar meiner ersten Pfarrkirche wurde eine Reliquie der damals noch Seligen eingesenkt. Natürlich musste ich mich daraufhin mit ihrer Biographie befassen. In der Seelsorge hatte ich gelegentlich mit Okkultem zu tun. In solchen Fällen rief ich in Fürbitten die Selige an. Aber ich hatte das Gefühl, da »nichts lief« mit dieser Seligen. Kein Kontakt, keine Wirkung. Auch Besuche in ihrem Kloster, an ihrem Schrein brachten keine Besserung.

Erst als wir sie auch im Allgäu, in meiner zweiten Pfarrkirche, zu Ehren brachten, kam der Durchbruch. Hier stand schon im Chor eine Figur von ihr, die ein frommer Vorgänger dort anbringen ließ, wohl nach ihrer Seligsprechung im Jahre 1900.

Der Heilige Johannes Maria Vianney von Ars
(1786 – 1859) – Fest 4. August

Seit ich auf dem Weg zum Priestertum bin, wurde mir der berühmte Pfarrer von Ars immer mehr zum geistlichen Gefährten. Ich las viele Bücher über ihn. Auf der Rückfahrt von Taizé, auf unserer Südroute besuchten wir immer Ars, privat, mit Jugendlichen, mit einem Bus voller Leute. Ars ließen wir nie aus.

Ein besonderes Erlebnis war immer die Eucharistie an seinem Schrein zu feiern mit dem Kelch des Heiligen.

Einmal war ich traurig, als mir der Sakristan sagte, ich könne nicht am Schrein zelebrieren, eine Gruppe habe sich kurzfristig angemeldet. Er tröstete mich, dass der Seitenaltar, an den man mich verwiesen hatte, der Originalhochaltar des Heiligen ist, an dem er täglich die Eucharistie gefeiert habe und den Tabernakel habe er selbst angeschafft.

Während des zweiten internationalen Kongresses der Gemeinschaft der Seligpreisungen in Ars durfte ich einen Nachmittag lang in der Seitenkapelle gegenüber dem Schrein das Sakrament der Versöhnung spenden, eine große Gnade für mich.

An drei verschiedenen Orten hat je eine andere Frau, mit entsprechenden Charismen, in meiner Nähe den Heiligen Pfarrer von Ars gesehen, einmal sogar auf dem Tabor in Israel.

In meiner damaligen Pfarrkirche erzählte mir eine Frau, hätte sie hinter mir ein kleines Männchen gesehen. Weil er zu klein war, um seine Hände schützend über mich auszubreiten, sei er auf einem kleinen Schemel gestanden.

Beim Erzählen lachte sie. Er habe so ähnlich ausgesehen, wie eine Figur in der Kirche. Ich klärte sie auf, dass dies der Heilige Pfarrer von Ars gewesen sein könnte. Sie selbst hatte offensichtlich keine Ahnung, wer es gewesen sein könnte.

Eine große Gnade und Freude für mich.

Bischof Josef Stimpfle, der mich zum Priester geweiht hat, schenkte mir eine Reliquie des Heiligen ex corpore, die ich immer bei mir trage, ebenso die geschenkte Reliquie der Heiligen Crescentia.

Die Heilige Margareta Maria von Alacoque, in Paray-le-Monial (1647 – 1690) – Fest 16. Oktober

Die neue Gemeinschaft Emmanuel hält ihre Foren jedes Jahr in Paray-le-Monial ab. Großartige Feste des Glaubens mit Tausenden junger Menschen.

Die nächtliche Anbetung war in der relativ kleinen Kirche des Klosters der Heimsuchung mit dem Schrein der Heiligen Margareta. Jesus zeigte sich ihr mit seinem verwundeten Herzen und bat sie, zu seinem Herzen zu kommen, sein Herz zu verehren. Die große Kirche mit Wallfahrt zu Sacre Coeur nach Paris entstand daraufhin und viele Herz-Jesu-Kirchen in allen Kontinenten, in die französische Missionare kamen.

In meinen beiden Pfarreien führte ich den Herz-Jesu-Freitag ein mit Anbetung des Allerheiligsten den ganzen Tag über, Krankenkommunion und einem festlichen Gottesdienst abends, an dem auch Berufstätige teilnehmen konnten.

Der Heilige Ignatius von Loyola (1491 – 1556) – Fest 31. Juli

Während meines Ringens um meine Berufung lernte ich mehrere Jesuiten kennen. In ihren Exerzitien lernte ich systematische Schrift-Betrachtung kennen und schätzen. Das eigene Leben am Leben Jesu auszurichten. Nach entsprechender Ausbildung gebe ich heute selber solche Exerzitien mit gutem Erfolg bei denen, die sich ernsthaft auf die Betrachtung der Schrift einlassen.

Mit 40 Jahren (Schwaben ...) machte ich 30-tägige Ignatianische Exerzitien im Jesuitenkolleg in Innsbruck (mein Urlaub).

Immer wieder passiert es mir, dass ich für einen Jesuiten gehalten werde. Sogar ein als heiligmäßig bekannter Mönch sprach mich an, Sie sind doch Jesuit?!

Ich verneinte und drückte meine Verwunderung aus, wie er darauf käme. Der Erzabt hätte mich der Kommunität vorgestellt als Pater Simon aus Pullach. Ich musste lachen: Nein, nein, ich bin der Pfarrer Simon aus Durach.

Wir haben uns trotzdem gut verstanden. Mit diesem am meisten gefragten Mönch, wie es einer seiner Mitbrüder formulierte, hatte ich tiefe geistliche Gespräche. Ich suchte seinen Rat in einigen geistlichen wie seelsorglichen Erlebnissen. Über seine Weisheit konnte ich nur staunen.

Für einen Pater werde ich öfters gehalten. Offensichtlich passe ich nicht so in die Vorstellung von einem Pfarrer. Eigentlich wollte ich Missionar werden. Aus eigenem Erleben in Missionsländern (Korea, Japan, Süd-Afrika) erkannte ich, dass diese Länder uns Europäer nicht mehr brauchen, höchstens noch unser Geld. Unsere Heimat Deutschland – und Europa – ist selber Missionsland geworden. Also bleibe ich zuhause zum – Evangelisieren. Das war vor 40 Jahren. Heute sehen wir überall Priester und Ordensschwestern aus den sog. Missionsländern in deutschen Diözesen wirken.

Die Heiligen Franziskus
(1182 – 1226) – Fest 4. Oktober
und Klara-Chiara von Assisi
(1194 – 1253) – Fest 11. August
1968 auf unserer Abiturfahrt nach Rom war ich erstmals in Assisi.
1977 zum zweiten Mal privat mit einigen Jugendlichen, später während der europäischen Ministrantenwallfahrt nach Rom.
1983 auf meiner ersten Pfarrwallfahrt nach Rom, mit einem Bus.

Einmal mit einer Priesterwallfahrt der Fokular-Bewegung, bei der ich dem Papst (Johannes Paul II) am nächsten kam. Meinem linken Nachbarn schüttelte er die Hand, ich packte ihn einfach am linken Ärmel. Und schon war er wieder weg auf der anderen Seite der Audienzhalle. Das Ideal der Armut des Heiligen Franziskus ist in unserer europäischen Wohlstandsgesellschaft im Trend, einem positiven Trend. Ich habe viel über Franziskus gelesen, bin seinen Spuren nachgegangen. War sogar in Spello, besuchte Carlo Carretto in seiner Eremo. Nach einem kurzen Gedankenaustausch schenkte ich ihm mein Primizbild mit dem Hingabegebet von Charles de Foucauld (1858 – 1916). Er überreichte mir seinen »Brennenden Dornbusch« mit einer persönlichen Widmung.

In Assisi machte ich die Führungen durch die Kirchen mit ihren berühmten Fresken selber. Stundenlang hielt ich mich schon in diesen Kirchen auf zu persönlicher Betrachtung und Gebet.

In der Gruftkapelle mit dem Holzsarg des Poverello, der erst im 19. Jahrhundert gefunden wurde, war mir immer zu viel los. Ich wollte dort auch keine Eucharistie feiern. Dafür ging ich lieber zur Kirche Santa Chiara. Vor dem Originalkreuz, das in San Damiano zu Franziskus gesprochen hat und heute in der Kirche der heiligen Klara hängt (in San Damiano ist eine Kopie) hielt ich einmal in der Frühe um 5 Uhr ganz allein eine Heilige Messe, 1977. Ein wunderschönes Erlebnis. In der Sakristei sieht man einige Reliquien der heiligen Chiara, u.a. ihre wunderschönen hellblonden Lockenhaare, die ihr Franziskus bei ihrer Hingabe an ihren himmlischen Bräutigam eigenhändig abgeschnitten hat.

In aller Frühe, wohl nach dieser Messe, ging ich zu ihrem Schrein in der Unterkirche. Sie schenkte mir die Gnade, mit ihr ganz allein zu sein. Sogar die Klarissin, die im Raum des Schreins Aufsicht hatte, den Besuchern ein Bildchen in dessen Landessprache überreichte, deren Gesicht mit einem schwarzen Schleier bedeckt ist, erkannte, das Chiara mit mir – oder ich mit ihr – allein sein wollte. Sie zog sich diskret zurück.

Es waren wunderschöne, erfüllte Minuten. Ich konnte mit ihr so richtig aus dem Herzen sprechen. Es ging um ihre geistliche Freundschaft mit dem Heiligen Franziskus ... Immer wenn ich kam, durfte ich allein sein mit ihr. Entweder ging gerade eine Gruppe weg oder es kam erst eine, wenn ich am Weggehen war. Leider war bei jedem Besuch ihr wunderschönes Gesicht immer schwärzer geworden (seit etwa 750 Jahren, aber erst seit gut 100 Jahren nach der Wiederentdeckung ihres Steinsarkophages an der Luft).

Der Heilige Antonius von Padua
(1195 – 1231) – Fest 13. Juni
Von Kindheit an ist mir mein Namenspatron vertraut. In unserer Familie wurden die Namenstage immer hochgehalten und gefeiert. Das Namenstagskind bekam immer etwas Besonderes. Natürlich wurde ein

Geschenk, soweit es essbar und somit teilbar war, an alle verteilt. Insofern war für alle anderen fünf Geschwister auch Festtag.

Mein Wissensdurst über meinen Namenspatron wurde mit einem einfachen Faltblatt mit einem schwarz-weißen Bild auf der Titelseite gestillt. Bald kaufte ich mir ein Buch mit einer größeren Biographie, die ich heute noch habe. Eine neuere Lebensdeutung, dem Zeitgeist entsprechend psychologisierend – las ich zwar, ist aber nicht aufhebenswert. Wie werden Spätere einmal unsere (geistlichen) Werke deuten?!

1977 auf dem Rückweg von Assisi war ich erstmals in der imposanten Kirche von Il Santo. Frühmorgens durfte ich in der deutschen Kapelle, einer von vielen im Bogen um den Chor, eine Messe feiern. Ich ganz allein. Mein sehnlichster Wunsch nach einem Jahr als Priester.

Ich ließ mir bei allen Teilen der Messe Zeit, genoss die Lesungen ... der Mesner, der zur gleichen Zeit mehrere Zelebranten zu bedienen hatte, kam bei mir immer ins Schleudern. Ich hielt die normalen Zeiten, wann man wo in der Messe zu sein hatte, nicht ein. Aber er ließ mich gewähren.

Bei der Kommunion, die ich ebenfalls mit entsprechendem Zeitaufwand genoss, bemerkte ich plötzlich, dass eine große Schar Leute sich vor dem Gitter meines Altars versammelt hatte. Der Mesner besorgte mir einen Hostienkelch, sodass ich den Leuten die Kommunion spenden konnte. Ein schönes Erlebnis.

1983 bei der Pfarrwallfahrt durfte ich am erhöhten Altar direkt am Schrein des Heiligen Antonius die Messe feiern. Für die Gemeinde von ca. 50 Personen wie für mich selber ein großes, ergreifendes Ereignis.

Bei einer späteren Gelegenheit durfte ich nur noch in einer Kapelle mit meinen Pilgern Eucharistie feiern.

Antonius ist berühmt wegen eines seiner besonderen Charismen. Ich habe schon die tollsten Geschichten erzählt bekommen. Ich selber möchte nur eine erwähnen.

In meiner ersten Pfarrei hatte ich noch nicht so viele Möbel. Ich kaufte sie erst nach und nach. Ein neues Büro schaffte ich erst gegen Ende meines dortigen Wirkens an.

Meine Unterlagen waren sorgfältig in Umzugskartons untergebracht. Ich suchte dringend etwas, hatte auch nicht viel Zeit zum Suchen. Was ich nicht gerne tue, aber in diesem Falle flehte ich inbrünstig zu meinem Namenspatron. Fast blind griff ich in irgendeine Kiste im Büro und – ich konnte es kaum glauben, ich hatte das Gesuchte in der Hand.

Öfters nahm ich meinen Namenspatron in Anspruch in Sachen Predigt. Da bat ich ihn besonders am Anfang meiner Predigt-Versuche, ihn, den großen Prediger, der während des Predigens stundenlang, tagelang – gestorben ist an Entkräftung. Predigen, wirksam Predigen kostet Kraft, die erst erbetet werden muss. Das habe ich inzwischen von ihm gelernt.

Inzwischen habe ich einen weiteren Heiligen von Padua entdeckt, den Heiligen Leopold Mandić, geborener Dalmatiner und Kapuziner (1866 – 1942). Ein Heiliger des Beichtstuhls. Ergreifend in dem kleinen Klösterchen zu weilen, in seiner Kapelle zu beten, in der er jeden Tag zelebriert hat, sich in seinen privaten Zellen zu bewegen, die als einzige von den Bomben des zweiten Weltkriegs verschont geblieben sind, an seinem Sarkophag betend zu knien.

Die koreanischen Martyrer, besonders Andreas Kim,
der erste koreanische Priester (1821 – 1846)
Seit 1973, meiner ersten Korea-Reise, waren mir die koreanischen Martyrer ans Herz gewachsen. Das Gebet zweier Priester an den Gräbern von vier Martyrern bei Pusan.

Auf einer Taxifahrt zu seiner Wallfahrtskirche passierte ein Unfall, der einen Besuch vereitelte.

1998 – bei der zweiten Fahrt, mit einer Gruppe zum 40-jährigen Priesterjubiläum meines Freundes, holten wir die Wallfahrt zu seiner großen Grabeskirche, in einem langgezogenen Tal bei Seoul, nach.

Zu meinem Silberjubiläum wünschte ich mir eine Reliquie des Heiligen Andreas Kim. Sie war schwer zu bekommen. Eine befreundete Schwester in Korea meinte, ich würde auch ohne eine Reliquie heilig werden. Aber die kennt mich schlecht.

Ein Jahr später bekam ich eine Reliquie, schön gefasst, als Hintergrund ein Marienbild mit dem Jesuskind. Im Rundbogen die Inschrift, koreanisch und lateinisch: Ex femore S. Andreae Kim, Martyris. Also aus einem Schenkel des Heiligen Martyrer Andreas Kim.

Bei der Verhandlung über seine Verurteilung sollen sogar die Richter geweint haben angesichts eines solch harten, entbehrungsreichen, leiderfüllten Lebens dieses noch jungen Mannes und Priesters. Mit 25 erlitt er mit vielen anderen jungen KoreanerInnen das Martyrium, meistens durch Enthauptung, nach qualvollen Martern wie Beine biegen oder harte Stockschläge auf empfindliche Körperstellen.

An seinem Altar durfte ich mit meinem Freund, Anton Trauner, Eucharistie feiern.

1984 – am 6. Mai – während der 21. Pastoralreise von Papst Johannes Paul II, seiner 2. Reise nach Asien wurde Andreas Kim in der Schar von 103 MartyrerInnen – aus zwei großen Verfolgungswellen im 19. Jahrhundert – in Seoul, der Hauptstadt Koreas zu Heiligen ernannt. Dies war die erste Heiligsprechung außerhalb von Rom. Eine große Ehre für die katholische Kirche in Korea.

Der Heilige Seraphim von Sarow
Ein Heiliger der russisch-orthodoxen Kirche
(1759 – 1833)

In der Gemeinschaft der Seligpreisungen wurde als Tischlesung das Leben des Heiligen Seraphim vorgetragen. Dieses Leben eines in Russland berühmten Starez (geistlicher Führer) faszinierte mich mehr und mehr. Nach dem Buch gefragt, wurde mir gesagt, das Buch sei vergriffen, es läge nur eine Fotokopie vor von einem Buch aus der Universität München. Natürlich bekam ich eine weitere Kopie, die ich zu Weihnachten als Buch gebunden als Geschenk bekam.

1999 war ich mit einer Gruppe auf einer vierzehntägigen Russlandfahrt nach Moskau bis Wladimir, per Bahn noch 500 Kilometer weiter Richtung Ural zum Kloster Diweewo mit zwei herrlichen Kathedralen. In einer liegt in einem wunderschön geschmückten Sarkophag – der Heilige Seraphim. Seinen Kopf kann man durch ein Fensterchen sehen. Von seinem toten Leib geht eine geisterfüllte Atmosphäre aus, wie man sie selten erlebt.

Die Kommunisten haben seinen Leib in ein Religionshistorisches Museum gelegt, wohl als Reliquie einer vergangenen Religion. Als er nach der Wende von diesem Museum wieder herausgeholt wurde, um in sein Kloster zurückzukommen, wurde er in einem Triumphzug durch ganz Russland gefahren und getragen, in wichtigen Kirchen tagelang zur Verehrung ausgestellt. Ein Beweis, dass die Religion überlebte, das Andenken dieses beliebten Volks-Heiligen in lebhafter Erinnerung geblieben war.

Dieser Heilige der russischen Kirche hatte viele Erscheinungen der Muttergottes, von Jesus mit den Aposteln u.a.

Eine seiner wichtigsten, für uns westliche überraschende Lehren erzählte er einem Herrn Manturow. Beide saßen im Wald auf frisch gefällten Bäumen. Vater Seraphim entdeckt bei dem jungen Mann, dass er sich seit seiner Jugend immer wieder mit der Frage quälte, was der Sinn des christlichen Lebens sei. Auf keine seiner Fragen, auch an hochgestellte Geistliche, bekam er eine zufriedenstellende Antwort.

Seraphim hatte die Gabe der Erkenntnis, wie wir heute sagen – oder die Gabe der Herzensschau, wie man sie nennt.

Der Heilige Seraphim: Der wahre Sinn des christlichen Lebens ist: den Heiligen Geist zu erlangen.

Bedenkt, dass kein gutes Werk uns die Früchte des Heiligen Geistes bringt, wenn es nicht aus Liebe zu Christus getan wird.

Es bringt uns dann weder Belohnung im künftigen noch Gnade im gegenwärtigen Leben.

In diesem Sinn sagt der Herr: Wer nicht mit mir sammelt, zerstreut.

Das gute Werk aber, das in der Liebe zu Christus getan wird, trägt dem Menschen nicht nur die Krone der Gerechtigkeit im zukünftigen Leben ein, sondern erfüllt ihn schon in diesem Leben mit der Gnade des Heiligen Geistes, wie gesagt ist:

Gott gibt den Geist nicht nach dem Maß. Der Vater liebt den Sohn und hat alles in seine Hand gegeben.

Ja, Gottesfreund, die Erwerbung dieses Geistes Gottes ist das eigentliche Ziel des christlichen Lebens.

Der Schöpfer gibt uns die Mittel, aber die Ausführung ist dem Menschen überlassen. (Vera Zander, Seraphim von Sarow, Düsseldorf 1965 S.131f)

1903, Juli – der Monat der Heiligsprechung des Heiligen Seraphim, wurde in der Moskauer Zeitung ein Artikel über die Aufzeichnungen jenes Gesprächspartners, Nikolaus Motowilow, veröffentlicht, in dem dieser zitiert wird:

Wer niemals das Entzücken, die Sättigung und Trunkenheit erfahren hat, wie sie der Mensch, vom Geiste Gottes überwältigt, erlebt, wird meine Worte übertrieben finden.

Ich versichere aber nach Wissen und Gewissen, dass alles, was ich sage, die reine Wahrheit ohne Übertreibung ist, ja, dass ich nur unzulänglich den Eindruck, so wie ich ihn tatsächlich in meinem Herzen empfangen habe, wiedergeben kann. (Zander, S.130)

Den Heiligen Seraphim bitte ich (fast) jeden Tag um die Einheit zwischen der russisch-orthodoxen und unserer lateinischen Kirche.

In ganz eiligen, oft auch unmöglichen Anliegen, ist der Heilige Seraphim ein guter Fürsprecher.

Für mein Oratorium habe ich mir eine Ikone von ihm malen lassen.

Andere Heilige

Natürlich wende ich mich auch an andere Heilige. In jeder Eucharistie-Feier erwähne ich bei den Heiligen den Heiligen Josef als Bräutigam der Muttergottes. In jeder Pfarrei habe ich ihn zum Finanzminister ernannt. Bei allen Bauvorhaben hatte ich nie auch nur eine Mark – oder später Euro – Schulden. Wenn ich´s brauchte, war immer genügend Geld da. Ich tröstete meine Verantwortlichen immer mit dem Spruch: Über Geld redet man nicht. Es muss einfach da sein.

Bei Eheproblemen schaltete ich gerne den Heiligen Josef ein. Ebenso andere heilige Ehepaare, wie den (bei Eheleuten zumeist unbeliebten) Bruder Klaus und seine Ehefrau Dorothea oder die Eltern der Heiligen Theresia von Lisieux, Louis und Zelie Martin, die inzwischen selig gesprochen wurden.

Der Heilige Martinus von Tours ist mir sehr vertraut durch die Patronate meiner Heimatgemeinde, meiner ersten Gemeinde als Pfarrer und der Missionsgemeinde meines Freundes in Korea.

Die Bistumspatrone der Diözese Augsburg, die Heiligen Ulrich, Afra und Simpert.

2001 besuchte ich erstmals die Heilige Katharina von Siena (1347 – 1380) in ihrer vom Mittelalter geprägten Heimatstadt. Ihr Elternhaus, die gewaltige Kirche der Dominikaner mit ihrer Kopfreliquie. Die Kirche S. Maria sopra Minerva, deren Altar ihren Leib birgt, in ihrer Nähe das Grab des Heiligen Fra Angelico, dem Schöpfer herrlicher Fresken und der überlebensgroße Christus mit Kreuz von Michelangelo, habe ich mehrfach besucht.

Die Martyrin der Keuschheit, Maria Goretti (1890 – 1902) in Nettuno habe ich im selben Jahr besucht.

Die Heilige Bernadette Soubirou (1844 – 1879) – Nevers und Lourdes – ist mir nahegekommen.

Seit neuestem habe ich Kontakt mit einer Seligen unserer engeren Heimat aufgenommen, Margarete Ebner (1291 – 1354) von Maria Mödingen, eine Dominikanerin. Ihre Grabkapelle in der Klosterkirche mit herrlichen Fresken über ihr Leben, die an Lebensbilder der Heiligen von Siena erinnern.

Weggefährten

Bist du Gott je begegnet
als lebendigem Du,
werden dir Heilige und Engel
nicht nur zu hohen,
der Ehre würdigen Wesen.
Sie werden dir liebe Gefährten
auf dem Weg zum Herrn.

Heilige, früher kaum beachtet,
werden dir zu treuen Freunden.
Engel begleiten dich,
sind Licht auf deinem Weg,
verjagen drohendes Dunkel,
füllen deinen Lebensraum
mit Liebe und Gutsein.

Je enger deine Freundschaft
mit Christus,
desto mehr Freunde findest
du im Himmel.
Je mehr du den Vater liebst,
desto vertrauter werden dir
seine Lebensgefährten.

Solche Freunde lassen dich
nie mehr im Stich.
Sie zeigen, wer dir Freund ist.
Sie erwarten dich
mit Freude und Jubel,
wenn du ankommst
an deines Weges Ziel.

Seelsorge

Seelsorge intensiv

Bibelseminare – zweimal im Jahr, Charismatische Eucharistie mit Gebet um Heilung – jeden Monat, Tage des Gebets – jährlich in den Tagen zwischen Weihnachten und Neujahr, regelmäßige Treffen mit Gebetskreisen, Treffen mit dem Leitungsteam zur Vorbereitung der Gottesdienste und Seminare, in der Zeit als Diözesansprecher Aufbau eines Diözesan-Leitungs-Teams in sieben Regionen, Organisieren und Durchführen von Treffen mit den Gebetskreis-Leitern, Diözesan-Treffen ...

Außerhalb der Pfarrei Vorträge und Einkehrtage ...

All das brachte natürlich viel Seelsorge mit sich. Das alles hatte ich anfangs alleine zu bewältigen.

Bei mir ging es an den Nachmittagen zu wie in einer Arztpraxis, alle Stunde ein neuer Patient. Oft auch vormittags, nach der Schule. Anfangs meistens bis in die späteren Abendstunden.

Abgesehen davon, dass ich mich in die verschiedensten Anliegen auch erst hineindenken musste, zu unterscheiden hatte, was am besten helfen könnte – bei Eheproblemen, Behinderungen körperlich oder seelisch, Depressive, körperlich Kranke, nicht selten unheilbar nach Aussagen der Mediziner, Kinderlosigkeit ...

Das ging nicht spurlos an mir vorbei. Ich konnte nicht mehr schlafen, hatte keine Kraft mehr, physisch und psychisch. Ich musste meine anderen Pflichten als Pfarrer auch noch erfüllen, wenn die Gemeinde mit 2 000

Gläubigen auch klein war; zwei Jahre lang musste ich außerdem noch eine Gemeinde mit weiteren 2000 administrieren, neben einer kleinen Filiale mit etwa 100 Personen.

Ich kam an die Grenzen meiner Kräfte. Ich erlegte mir eine Pause von drei Monaten auf, während der ich keine Gespräche mehr annahm. Die andern Dinge liefen weiter.

Das hat viele enttäuscht. Aber ich konnte nicht anders, der Leute wegen. Was hilft ein gereizter Seelsorger, der nicht voll bei der Sache sein kann.

Immer wieder hatte ich auch Probleme mit den Bandscheiben. Wochenlang konnte ich nicht mehr gehen. Haarscharf ging es an einer Operation vorbei. Die Diagnose des Spezialisten: Wenn es in einer Woche nicht besser ist, muss ich Sie einem Chirurgen vorstellen. Vornehme Ausdrucksweise. Es wurde besser, weil ich nicht operiert werden wollte. Ein einfacher Mann der Gemeinde hatte mir geraten: Wärme, Wärme, Wärme. Daraufhin hatte ich mit Lammfellen gearbeitet, auf den Autositzen, im Bett, um die Hüften. Es half.

Das Ergebnis nach den drei Monaten Gesprächs-Pause:

Die Leute sind mit ihren Anliegen zu ihren GebetskreisleiterInnen gegangen, zu den Gebetsteams. Ich war auf diese Weise entlastet – auch in Zukunft. So hat mich Jesus geführt. Aus meiner Not machte er eine Tugend. Laien als Seelsorger – im echten Sinn, ohne große Ausbildung. Sie schöpften aus ihrer Lebenserfahrung, aus ihren Erfahrungen ihres persönlichen geistlichen Lebens.

Bei irgendwelchen Treffen konnten sie mich oder andere fragen, wenn sie selber nicht weiter wussten oder unsicher waren. Das war unsere Supervision.

Als wieder eine Zeit der Grenzerfahrung kam. Ich konnte nicht mehr. Ich wollte nicht mehr. Ich wollte weggehen. Da kam unerwartet Hilfe in Gestalt eines Paters aus einem benachbarten Orden. Und es ging weiter, zu zweit. Für mich ein großes Zeichen, dass das Ganze ein Werk Gottes ist und nicht nur meine persönliche Spinnerei, oder mein Extremismus, wie manche meinten.

Es kam wieder eine Grenze. Die ganze Arbeit war soweit gefestigt, die Leute soweit selbstständig, dass sie – notfalls – allein weitermachen konnten.

Wiederholt wurde aus dem Ordinariat bei mir angefragt, ob ich nicht eine größere Pfarrei übernehmen wollte, was immer mein Ziel war. Aber bevor nicht alles einen gewissen Abschluss gefunden hat, die Leute (noch) nicht selbstständig waren, konnte und wollte ich nicht. Jetzt war es soweit.

Ich sah mich um eine neue, größere Pfarrei um. Mehrere Angebote, sogar verlockende waren dabei. Bei meinen Besuchen solcher zur Auswahl stehenden Pfarreien, teils mit schönen verlockenden Kirchen, merkte ich, dass ich keine Kraft mehr hatte; außerdem erfuhr ich bei dieser Gelegenheit, dass mehrere Pfarrer in ein Sabbat-Jahr gingen. Dabei kam ich erst auf die Idee, das wäre auch etwas für mich.

Ich erbat Zeichen vom Heiligen Geist – und bekam gleich drei von einander unabhängigen Personen.

Ich wagte, bei unserem neu ernannten Bischof anzuklopfen und meinen Ist-Stand darzulegen. Vom Generalvikar bekam ich schließlich ein Schreiben mit der Genehmigung eines halben Jahres Auszeit.

Somit kam der Abschied von meiner ersten Pfarrei, meiner ersten Liebe (in dieser Hinsicht).

Geistliche Begleitung

Wie an anderer Stelle schon angedeutet (> Seelsorge intensiv), warfen die neuen Erfahrungen im Gebet, Befassen mit der Bibel, auch Erfahrungen anderer einige Fragen auf. Wohin damit gehen? Zu denen, die ähnliche Erfahrungen schon gemacht haben.

Wie von selbst entwickelte sich daraus ein Phänomen, das wir später Geistliche Begleitung nannten.

Zunächst war dafür der Priester angesprochen und gefragt, der das Ganze angezettelt hatte. Von dem man voraussetzte, dass er in geistlichen Dingen Bescheid weiß. Wie Papst Johannes Paul II sagte, der Priester müsse ein Meister des Gebets sein.

So gut es ging, versuchten wir in Gesprächen, zumeist beginnend mit einer Beichte, die auftretenden Phänomene zu besprechen, die Leute zu ermutigen, ihren neu begonnenen Weg mit Gott fortzusetzen, und nicht ängstlich vor allem Neuen, besonders gegenüber Gott – zu kapitulieren, wie es manche auch taten, ja sogar ins Lager der Gegner überliefen, dort gerne gehört wurden, weil sie als Insider angesehen wurden.

Die Leute machten in ihrer Stillen Zeit, in ihrer persönlichen Betrachtung des Wortes Gottes und dem daraus fließenden Beten ihre Erfahrungen. Viele beteten, bevor sie zur Arbeit gingen. Andere nach der Arbeit. Andere während der Arbeit, in Pausen. Eine Arzthelferin flüchtete in der Mittagspause in das Archiv der Röntgenaufnahmen, um ein paar Minuten in der Stille zu beten.

Bei vielen, wenn nicht bei allen, veränderte sich das Leben.

Sogar Männer wurden bekehrt.

Von einem Fall weiß ich, dass der Mann jedes Mal das Weite suchte, wenn sich die »Bibelweiber« mit seiner Ehefrau in seinem großen Haus zum Gebetskreis versammelten. Später ging er nicht mehr außer Haus, sondern begnügte sich im Nebenraum mit Fernsehen. Noch später fragte er, auf dem Kanapee seine Sonntagnachmittagruhe pflegend, seine Frau, was sie denn da immer in der Bibel lese. Sie hatte neben dem Kanapee auf dem Tisch die Bibel liegen und las dort offensichtlich eifrig. Sie begann zu erzählen. Er hörte aufmerksam zu.

Noch etwas später – ich überspringe einige Entwicklungsstufen – war er der Empfangschef bei den Charismatischen Gottesdiensten (wir empfingen die Teilnehmer, suchten für sie noch freie Plätze, organisierten die Schlangen vor den Gebetsteams und Beichtvätern).

Schließlich leitete er eine Singgruppe, die regelmäßig alle paar Wochen eine große Klinik besuchte und ihre frommen und trotzdem flotten Lieder sangen, zunächst auf den Gängen, später in den Krankenzimmern. Vertrauen gewonnen, wurden ihnen sogar bestimmte Patienten vorgeschlagen, mit denen sie singen und beten konnten, sollten.

In anderen Fällen wurde der Mann zuerst erfasst und versuchte, seine Frau auch soweit zu bringen …

Solche Personen bekamen mit der Zeit eine natürliche, geistliche Autorität, sodass Leute mit Fragen, auch Gebetsanliegen zu ihnen kamen, um Rat und Trost zu bekommen, sich in ihren Nöten angenommen zu erfahren. Die Freude über eine Gebetserhörung in einem massiven Fall, kann man sich vorstellen. Zeugnisse darüber zogen natürlich weitere Personen an.

Zu solchen Gesprächen der Geistlichen Begleitung rieten wir für gewöhnlich allen. Auch für eine gewisse Selbst-Kontrolle, ob die geistlichen Erfahrungen echt seien. Ob sie nicht sogar einzubringen seien in das Ganze, zum Aufbau der Gemeinde, frei nach Paulus (1 Korinther 14, 5+12).

Besonders die Gaben des Heiligen Geistes, die Charismen, bedurften – und bedürfen – der Kontrolle der Kirche (jeder Christ ist Kirche, wenn er davon etwas versteht). Zur Sicherheit des Beschenkten und zum Schutz derer, die die Charismen beanspruchten. Denn unser Geist ist in diesem Leben, auf dieser Erde, immer noch an einen Leib gebunden, und von ihm beeinflusst.

Es ist also nicht notwendig, dass Geistliche Begleitung ausschließlich Priester ausüben. Sie ist auch etwas anderes als ein Bekenntnis innerhalb einer Beichte. Oft geht das alles ineinander. Wenn dem so ist, schicken kluge Laien, die begleiten, solche Personen zu einem Beichtvater.

Alles andere, was geistliches Leben betrifft, können gern und gut Laien ausüben, oft sogar besser als Priester, wenn diese von solchen Dingen nichts verstehen, falls es solche (noch) gibt.

Eine Regel empfehlen wir aus Erfahrungen im Zusammenhang der Geistlichen Begleitung:

Ein Mann sollte nur Männer begleiten.

Eine Frau sollte nur Frauen begleiten.

Erstens versteht ein Mann einen andern Mann besser, gerade was die Psyche betrifft.

Zweitens geht es im geistig-geistlichen Bereich oft um intime, also innerste Vorgänge: Empfindungen, Wahrnehmungen, auch Verletzungen, Deformierungen, Schwierigkeiten im Eheleben werden aufgedeckt (zur Heilung), die vorher nicht bewusst waren, dass dies mit einem andersgeschlechtlichen Gesprächspartner – zu eng, zu nahe werden könnte. Der Schritt zu noch weiterer Einheit ist dann nicht mehr weit, und der eigentliche Sinn dieses Dienstes verfehlt, ja ins Gegenteil verkehrt.

Im guten Sinne, davon gehen wir aus, soll solche geistliche Führung vor Überspannungen, Übertreibungen ... bewahren, ja ein Wachstum des geistlichen Lebens einer Person fördern.

Heilige als Vorbild

Große Heilige können uns dabei Vorbild sein. Denn diese haben sich auch einmal auf dieser Erde gemüht, oft große Schwierigkeiten zu bestehen gehabt, auch Verfolgungen, gerade von frommen, kirchlichen Menschen.

Wie die große Heilige Teresa von Avila (1515 – 1582), die Heilige Margareta Maria von Alacoque von Paray-le-Monial (1647 – 1690) oder die Heilige Crescentia von Kaufbeuren (1692 – 1744).

Dass Geistliche Begleitung in unserer Zeit wieder aktuell, ja notwendig geworden ist, ist ein gutes Zeichen. Ein Zeichen, dass Gott heute in vielen Menschen wirkt und sie so formen möchte, damit mehr und mehr sein Wille in der Kirche zum Tragen komme.

Jede Gnade, jede Gabe, jedes Charisma – für welchen Ausdruck man auch immer sich entscheidet – bedarf der Prüfung durch die Kirche. Ein geistlicher Begleiter ist Kirche.

Wenn einer seine Sache versteht, davon gehe ich einmal aus, ist er eine große Hilfe für den Begnadeten, Begabten, seine Gaben für den Aufbau einer Gruppe, einer Gemeinde, ja der ganzen Kirche einzusetzen. Das wäre für mich ein Kriterium von Echtheit von Gaben. Sie müssen fruchtbar werden für die Kirche, dürfen sich nicht auf private Zirkel beschränken und dort herumgeistern. Sie müssen offen sein, den andern – und damit der Kirche zu dienen.

Missbräuche

Wenn einer von sich behauptet, er hätte die und die Gabe. Und diese Gaben als Begründung darstellt, dass die anderen ihm, seinen Worten, Ansichten ... gehorchen müssten. Dann ist etwas faul an der Geschichte.

Manche Leute sind ständig auf Gaben erpicht, bei sich selbst oder bei anderen. Wenn einer keine Bilder (innere Vorstellungen, von denen man – im echten Sinne – annimmt, dass sie Eingebungen des Heiligen Geistes sind) hat, ist seine Arbeit nichts wert. Diese Haltung ist fragwürdig.

Einmal fragte mich eine Dame, ob ich »Bilder« hätte. Ich sagte ihr, wenn sie daran ginge, all die »Bilder«, die sie von anderen für ihr geistliches Leben empfangen habe, nützen und danach leben würde, reichte das für den Rest ihres Lebens aus.

Manche verwenden ihre Gaben, um andere zu unterdrücken, was deren Meinungen, Erfahrungen oder auch – Gaben angeht.

So nach dem Motto: Meine Gaben sind – erwiesenermaßen von Gott. Also ist alles, was ich sage, von Gott. Und der andere, die anderen, haben das anzuerkennen.

Dafür gilt: Jeder getaufte Christ, der sein Christsein ernst nimmt, hat den Heiligen Geist. Wie an anderer Stelle gesagt, haben mir schon

Unkirchliche, wenn nicht sogar praktische Atheisten – Wahrheiten gesagt, die ich als von Gott erkannt habe.

Ein nicht seltener Missbrauch ist, wenn der Begleiter Macht auf den Begleiteten ausüben möchte. Was der Begleiter sagt, hat der andere zu tun. Forderung von Gehorsam. Das ist sehr problematisch.

Als mündiger Christ muss ich freiwillig die Aussage eines anderen annehmen können.

In meinem Kampf um meine Berufung kamen viele prophetische Worte von begnadeten Personen, die in die andere Richtung gingen als ich damals wollte. In dieser Spannung musste ich leben, damit zurechtkommen.

Ich fragte in dieser Angelegenheit jemanden, zu dem ich Vertrauen hatte, dem ich einen guten Rat zutraute. (Damals nannte man das noch nicht Geistliche Begleitung.) Er sagte mir, die andern können sagen, was sie wollen. Es kann sogar vom Heiligen Geist sein (wer weiß das letztlich mit Sicherheit). Aber du musst dies selber annehmen können. Das liegt in deiner freien Entscheidung.

Diese klare Aussage war für mich eine riesige Befreiung. Ich durfte mich – selber – entscheiden. Mit der Freiheit, die der Herr mir geschenkt hat.

Ich entschied mich später – ganz im Sinne dieser Prophetien, wie solche Worte genannt werden. Aber ich musste zuerst den Boden dafür bereiten, dass eine – freie – Entscheidung möglich wurde. Das war das treue Beten vieler (das Gebet der Kirche), mein eigenes Beten und Ringen, und letztlich die Gnade Gottes.

Fest der Versöhnung

Biblischer Hintergrund für das Sakrament der Versöhnung
Wem ihr die Sünden vergebt, dem sind sie vergeben. (Joh 20, 19-23, besonders V 23)

Wenn wir unsere Sünden bekennen, vergibt er uns. (1 Joh 1,8)

Viele, die gläubig geworden waren, bekannten offen, was sie getan haben. (Apg 19, 18)

Bekennt einander eure Sünden, betet füreinander, damit ihr geheilt werdet. (Jak 5, 16)

Krise des Sakramentes der Versöhnung
Wohl kein anderes Sakrament geriet seit dem Konzil in eine solche Krise wie das Bußsakrament.

In einer Gemeinde, die ich vorübergehend zu betreuen hatte, kamen während der ganzen Fastenzeit fünf Personen zum Sakrament der Versöhnung, alle anderen begnügten sich mit der Bußandacht, die sehr gut besucht war.

Alle anderen Sakramente wurden in die Gemeindeversammlung, in die Kirche, in die Eucharistie eingegliedert. Sogar das Sakrament der Krankensalbung wurde vom Sterbebett in einen Gottesdienst integriert. Und das ist gelungen.

Nur das so wichtige Sakrament der Versöhnung blieb der Dunkelkammer des Beichtstuhls vorbehalten, allenfalls der etwas freundlicheren Atmosphäre eines Beichtzimmers.

Aber es ist trotz Förderung der Bußgottesdienste nicht gelungen, dieses Sakrament in die Mitte der Gemeinde hineinzunehmen, wie das etwa in der frühen Kirche der Fall war, wo die Sünder vom Episkopos (Bischof) wieder in die Gemeinde aufgenommen wurden – feierlich und mit Liebe – in Anwesenheit der ganzen Gemeinde.

Begriffe Buße, Beichte, Versöhnung – was ist hilfreich?
Der deutsche Terminus Sakrament der Buße ist meines Erachtens nicht sehr hilfreich. Bei dem Wort Buße kommen mir Assoziationen wie Bußgewand, in Sack und Asche, kahlgeschorene Köpfe, Trauer und Finsternis, große Ernsthaftigkeit, Düsternis >> Mittelalter.

Der Begriff der Kirche Frankreichs reconciliation – Versöhnung ist glücklicher gewählt, drückt das Wesentliche dieses Sakramentes aus: Versöhnung – in dreifacher Weise:
– Versöhnung mit Gott
– Versöhnung mit den Mitmenschen
  (Familie, Umwelt, Kirche, Gesellschaft ...)
– Versöhnung mit sich selber (oft oder immer – vergessen)

Versöhnung mit der Kirche

Die Notwendigkeit einer Versöhnung mit Gott wird großenteils als selbstverständlich eingesehen. Aber in dieser Selbstverständlichkeit liegt bereits die Wurzel des Nichteinsehens der Notwendigkeit eines Bekenntnisses vor dem Priester:

Versöhnung ist meine eigene Sache mit dem Herrgott.
Was geht das den Pfarrer an? Was geht das andere an?

Vielleicht hat es noch etwas mit dem zu tun, gegenüber dem ich schuldig geworden bin, aber die Kirche, besonders den Pfarrer geht das doch nichts an. Das mache ich mit dem Herrgott selber aus.

In der Elternarbeit auf die Erstkommunion hin, kommen immer wieder solche Argumente. Mit großer Mühe und Argumentation versuche ich klarzumachen, dass jede Sünde oder besser: jedes Schuldigbleiben gegenüber Gott und seinen Geschöpfen, speziell gegenüber unseren Mitmenschen – eine soziale Komponente hat.

Wenn ich als Vater meinem Kind Unrecht tue, dann leidet es darunter. Es fühlt sich ungerecht behandelt. Sein Empfinden für Gerechtigkeit ist verletzt. Wehrt es sich, kommt es zum Streit. Oder es zieht sich innerlich zurück, ist beleidigt, redet nicht mehr ...

Die ganze Familie leidet unter dieser Sache – solange bis eine Versöhnung gesucht wird. Erst dann ist der Friede wieder hergestellt.

Schuld verletzt die geistliche Beziehung der Menschen in einer Familie, in einer Gemeinschaft von Menschen, in der Gemeinschaft von Glaubenden: also in der Kirche.

Etwas weiter gedacht, stört Schuld die Beziehung eines Einzelnen zur ganzen Schöpfung und ihrem Urheber, dem Schöpfer Gott.

Versöhnung mit dem Schöpfer und seiner Schöpfung, Versöhnung mit den Mitmenschen, also von Kirche und Gesellschaft.

Versöhnung mit sich selbst

Beim Gebet um Innere Heilung werden wir oft vom Heiligen Geist dahin geführt, dass der zu Heilende sich selber zu vergeben hat, dass er sich zu versöhnen hat mit seiner Kindheit, mit seinen Eltern, in seiner Ehe …

Ich habe mal wieder den gleichen Fehler gemacht, an dem zu arbeiten ich mir vorgenommen hatte. Ich war traurig über eine neue Niederlage. Ich habe gebeichtet. Trotzdem hatte ich noch keinen Frieden in mir. Die innere Wunde war noch offen, trotz Sakrament der Versöhnung.

Ich fragte, Herr, warum habe ich trotz deiner Vergebung im Sakrament keinen Frieden?

Ich saß gerade im Beichtstuhl zum Beichthören und erlebte das Glück, anderen im Namen des barmherzigen Gottes – vergeben zu können. Ich verließ den Beichtstuhl, ging am Altar vorbei in die Sakristei zur Vorbereitung auf die Eucharistie. In der Höhe des Altars kam die Antwort: Weil du dir selbst nicht verziehen hast.

Sofort holte ich dieses mir bis dahin nicht bewusste Versäumnis nach und – im selben Augenblick hatte ich meinen Frieden wieder.

Ein Schlüsselerlebnis, so nebenbei, unterwegs. Schon vielen konnte ich diese Erfahrung weitergeben mit ähnlicher Wirkung.

Sich selbst vergeben.

Ein offenes Bekenntnis befreit

Schuld ist nicht nur eine Sache zwischen mir und Gott, sondern hat vielschichtige Bedeutung. Dies gilt erst recht für das positive Gegenteil, die Versöhnung.

Kann man sagen: Alles, was zwischen Gott und einem Menschen geschieht – oder nicht geschieht – hat Auswirkung auf das Ganze der Schöpfung, also auch auf die Kirche.

Jeder einzelne steht für alle. Eine große Last, eine große Verantwortung. Aber auch Befreiung und Trost: Ich brauche nicht alles allein zu tun. Es gibt noch andere. Ich brauche nicht an alles allein zu denken. Auch andere haben ein Hirn, vielleicht sogar mit mehr Inhalt. Ich kann mir sogar Fehler erlauben. Mist ist bekanntlich ein guter Dünger für neues Leben.

Immer wieder erleben wir es, in Gebetskreisen, bei intensiven geistlichen Ereignissen, dass Sünde aus Menschen einfach her-aus-bricht. Ein Mensch kann seine Sünde nicht mehr für sich be-halten.

Das Licht Gottes dringt in einen Menschen ein – und treibt die Sünden aus ihm hinaus (wie eine Tempelaustreibung).

Der Gute vertreibt das Böse in mir.

Solche elementaren Erlebnisse machen die Wahrheit deutlich:

Niemand kann zwei Herren dienen –

Der eine erträgt den andern nicht.

Die gläubig geworden waren, bekannten offen, was sie getan haben (Apg 19,18).

Solch herrliche (im wörtlichen Sinne) und befreienden Erlebnisse sind eigentlich nichts für düstere bis dunkle Beichtstühle, mit einem unerkennbaren Gegenüber, der sein Gesicht mit einem Tuch verdeckt hat.

Sünde drängt ans Licht. Sünde streckt sich aus nach den offenen Armen eines erbarmenden Vaters. Der Triumph des Lebens über alles Tödliche.

Auferstehung ist Wirklichkeit geworden.

Offenheit

Ich rate immer: Offenbaren Sie Ihre Sünden möglichst konkret, nicht allgemein und verschleiernd. Deswegen braucht man keine Details erzählen, das ist nicht gemeint. Aber die Dinge konkret beim Namen nennen.

Leider ist die Beichte gerade bei sogenannten guten Christen zur Bestätigung ihres Gutseins degeneriert, das sich ausdrückt in eingelernten, verschlüsselten und verschleiernden Formeln. Solches Missverständnis dieses Sakramentes ist zu Recht in die Krise geraten.

Wie befreiend ist dagegen, wenn ich meine Sünden wirklich sagen darf, bekennen darf, ohne Angst haben zu müssen, dafür beschimpft, verurteilt zu werden. Das steht einem Beichtvater nicht zu. Ich darf das Vertrauen des andern nicht gegen ihn verwenden. Das ist unfair, geschweige denn christlich, nicht einmal menschlich.

Ich danke dem Vater jedes Mal nach einer guten, offenen Beichte für die große Liebe, die bei diesem Sakrament frei wird.

Welche Gnade, einem Menschen den Weg zum Vater erschließen zu dürfen. Welcher Reichtum, in Seinem Namen einen Bruder von seinen Sünden lossprechen zu dürfen.

Ein Mann hat nach diesem Sakrament all seinen Freunden erzählt: Ich musste dem Pfarrer einfach alles sagen. Ich konnte nicht anders. Aber er hat mich nicht hinausgeworfen. Er hat mir sogar etwas zu trinken gebracht.

Bei jeder Kommunion hat er seinen Heiland, die Hostie zuerst geküsst, bevor er sie in den Mund genommen hat. So glücklich war er.

Neue Formen

Ständig bin ich auf der Suche, auch äußerlich das zum Ausdruck bringen zu lassen, was die Sakramente innerlich realisieren.

Die Symbole der Sakramente sollten das ausdrücken, was innerlich geschieht. Aber bei einer Taufe ist der Priester meistens damit beschäftigt, die Symbole zu erklären. Die Zeichen sollten aus sich sprechen, erklären, was innerlich vorgeht.

Erstbeichte der Kommunionkinder

Die Kinder sitzen in den Bänken der Kirche. Sie sind von mir auf dieses Sakrament der Versöhnung vorbereitet. Jetzt beim Empfang des Sakramentes sind wir mit Liedern, Bitte um Vergebung, beim Bekenntnis angelangt.

Ich setze mich auf den Priestersitz vor dem Altar. Am Altar brennen die Kerzen, Zeichen des festlichen Anlasses. Ich trage Albe und violette Stola. Jedes Kind kommt einzeln zu mir heraus, kniet sich vor dem Priester nieder und liest den Inhalt des Zettels vor.

In den Tagen vorher sollte das Kind zuhause eine Gewissenserforschung vorgenommen haben. Vorbereitet war es im Religionsunterricht. Drei Themenfelder: Mein Leben mit Gott. Mein Leben mit den Mitmenschen. Mein Leben in Schule und Freizeit.

Ich nehme den Zettel und werfe ihn zerknüllt in den Sündenkübel, der neben mir steht. Ich spreche mit dem Kind, umfasse seine gefalteten Hände in meinen Händen. Zur Lossprechung lege ich ihm die Hände auf, während ich ihm ins Gesicht schaue. Dann helfe ich ihm auf und wünsche ihm den Frieden Christi.

Heutzutage wichtig: Dies geschieht im Beisein aller Kinder, meistens sind auch Eltern und die MesnerIn dabei.

Jetzt geht das Kind nicht zu denen zurück, die ihr Bekenntnis erst noch ablegen müssen. Es geht auf die andere Seite und dankt dem Vater für die Vergebung mit persönlichen Worten.

Während dieses Bekennens singt eine Aufsichtsperson mit den andern Kindern religiöse Kinderlieder.

Nach dem Bekenntnis nehme ich den Sündenkübel und trage ihn durch die Kirche ins Freie. Alle Kinder hinterher. Wir stehen im Kreis um den Eimer, wie die Ministranten in der Osternacht um das Osterfeuer, und zünden die Sündenzettel unter großem Hallo der Kinder an.

Die Spannung weicht der Freude, wenn alle Zettel verbrannt sind. Wir gehen wieder in die Kirche zurück und danken Gott nochmals gemeinsam für die Vergebung. Jedes Kind bekommt eine kleine Erinnerung an dieses erste Mal.

Die Freude ist groß: Ein Fest der Versöhnung. In den letzten Jahren haben wir sogar im Pfarrheim ein Fest gefeiert mit Würstchen, Brezeln und Limo, vorbereitet von den Eltern der Kommunionkinder.

Schülerbeichte

Ab der 4. Klasse habe ich die Kinder normal im Beichtstuhl beichten lassen. Immer mehr Zweifel ließen mich seit einiger Zeit die Beichte ähnlich wie bei den Erstkommunionkindern halten. Nicht ganz so feierlich. Ich setze mich auf den Priestersitz zwischen Volks- und Hauptaltar. Die Kerzen brennen. Die Kinder kommen einzeln zu mir, setzen sich neben mich auf einen Stuhl und beichten. Die andern, hinten in den Bänken, singen Lieder bis alle dran waren. So versuche ich in einer geschützten Offenheit im Raum der Kirche das Sakrament der Versöhnung auch äußerlich transparent werden zu lassen.

Versöhnungs-Liturgie mit der Gemeinde

Unzufrieden mit der bisherigen, allgemein üblichen Form der Bußgottesdienste, wagte ich in der Fastenzeit einen neuen Versuch.

Zum Bußgottesdienst waren etwa vierzig Teilnehmer eines siebenwöchigen Glaubenskurses und die Gemeinde eingeladen.

Zunächst waren Einführung, Gebet, Wortgottesdienst wie immer.

Zur Vorbereitung auf die Gewissenserforschung versuchte ich eine Bildmeditation der Jona-Geschichte anhand eines Bildchens, das jeder in Händen hatte. Nach der Besinnung auf die Verfehlungen kam das Neue: Im Chorraum platzierten sich seitlich vier Priester, auf jeder Seite zwei. Sie saßen auf einem Stuhl, neben sich einen leeren für die Beichtenden. Ein fünfter Priester saß im Beichtstuhl für die, die die herkömmliche Beichtform bevorzugten.

Als die Priester ihre Plätze eingenommen hatten, setzte ich mit Gesang das Allerheiligste aus mit der vorhergehenden Erklärung: In aller Offenheit bekennen wir in der Gemeinschaft der Gemeinde unsere Sünden. Wir bringen sie zum Herrn, gegenwärtig in der Monstranz. Dabei lassen wir uns von seinen Dienern, den Priestern, helfen und uns von ihnen in Seinem Namen, in Seinem und der Gemeinde Angesicht von unseren Sünden befreien.

Während dieser Feier sang eine Instrumental- und Gesangsgruppe von Jugendlichen Lieder des Lobpreises und der Anbetung. Nach fast zwei Stunden Versöhnung in dieser Weise gab ich den sakramentalen Segen. An den zustimmenden Äußerungen der Teilnehmer gewann ich die Zuversicht, diese Form öfters zu praktizieren.

Gebet statt Zuspruch

Im Laufe meiner Beichtpraxis bin ich mehr und mehr dazu übergegangen – statt eines Zuspruchs – mich mit dem Beichtenden betend an Christus zu wenden. Dabei sind mir oft Gedanken gekommen, die über das Bekenntnis hinausgingen. Immer entstand eine Atmosphäre der Tiefe, der Gegenwart des Herrn.

Gelegentlich erfuhr ich, gleich oder Jahre später, dass solche Sätze einem Menschen entscheidend weitergeholfen haben.

Eine neue Renaissance

Bei großen Treffen in Paray-le-Monial, Ars und Lourdes, in Medjugorje erlebte ich, wie Hunderte, Tausende Menschen das Sakrament der Versöhnung empfingen, neben den Priestern auf einem Stuhl im Freien saßen, unter einem Baum standen.

Obwohl dieser Dienst als Priester hart und anstrengend ist, schenkt er uns doch das Privileg, erfahren zu dürfen, was der Herr in so kurzer, geistlich gefüllter Zeit, in den Herzen der Menschen schenkt an Einsicht, Erkenntnis von Fehlhaltungen, Reue, echte Zerknirschung des Herzens – Umkehr in die liebenden Arme des Vaters.

Solches Miterleben gehört zu den glücklichsten Stunden meines Priesterlebens.

Eine neue Kirche

In einer Wiederbelebung des Sakramentes der Versöhnung entsteht eine neue Kirche. Die neue Kirche ist schon da – in der Jugend.

Meine schönsten Erfahrungen mit diesem Sakrament sind bei Beichten mit Jugendlichen und jungen Erwachsenen, die noch studieren. Nicht selten auch schon voll im Berufsleben stehen, als Arzt, Lehrer, Anwalt oder in der Industrie tätig.

Bei solchen Beichten geht es weniger um wirkliche Sünden, im Sinne von bösen Taten. Es geht mehr um geistliche Führung, Erkennen von Fehlhaltungen. Nicht selten auch um Katechese: Was sagt die kirchliche Lehre zu diesem oder jenem Problem?

Ich staune immer wieder über die große Offenheit bei jungen Menschen. Offenheit auch in ihren innersten Bereichen.

Diese – beichtenden – jungen Menschen haben meistens eine geistliche Heimat in einer der neuen geistlichen Bewegungen wie Jugend 2000, Totus Tuus, Emmanuel, Seligpreisungen und andere.

Bedeutung der Weltjugendtreffen

Bei den Weltjugendtreffen fallen diese besonders ins Gewicht. Immer wieder stellen Teilnehmer fest, nicht zuletzt hohe Würdenträger, dass diese Jugendlichen von einer tiefen, ansteckenden Freude erfasst sind. Sogar auf den Papst springt diese Glaubens-Freude der Jugend jedes Mal neu über.

Ein deutscher Kardinal kam hinter das Geheimnis solcher Freude. Er sagt: Diese jungen Menschen waren vorher alle beim Beichten. Die neue Freiheit des Sakraments der Versöhnung setzt solche Freude frei.

Am Ende des Schlussgottesdienstes eines solchen Weltjugendtreffens bat ein Jugendlicher ums Wort und bedankte sich bei den vielen Priestern, die bis weit in die Nächte hinein ihnen das Sakrament der Versöhnung gespendet hatten.

Trotz der Massen (2000 in Rom waren es zwei Millionen Jugendliche, die größte Veranstaltung des Heiligen Jahres) – trotz der Massen gab es keine Generalabsolution und keine kurzen Beichten. Jeder kam einzeln dran. Jeder bekam die Zeit, die er brauchte. Jesus kümmert sich um den Einzelnen.

Eines Sommers in Altötting: Ich war tief ergriffen von den Beichten auf dem Kapellplatz: ein 14-jähriges Mädchen, welche Tiefe, welche Ernsthaftigkeit, welches Ringen um Glauben und Reinheit. Welche Hilfen können wir als Kirche hier anbieten, gerade in diesem Sakrament.

Ein älterer Herr setzte sich neben mich: Er sagte, er sei betroffen, dass hier so viele junge Menschen zur Beichte gehen. Sie stehen sogar Schlange. Das habe ihn als Tagespilger angesteckt, auch mal wieder zu beichten. Als er die jungen Priester sah, wollte er mit seinen Themen lieber zu einem älteren Priester gehen, um die Jungen zu schonen.

Ein beispielgebendes, ansteckendes Zeugnis der Jugend für die ältere Generation!

Ein Fest der Versöhnung zwischen den Generationen.

Blick in die Kirchen-Geschichte

Alle großen Erneuerungsbewegungen im Laufe der Kirchen-Geschichte haben mit Predigten zu Umkehr und Buße begonnen.

Ein neues Bewusstsein schaffen, was Sünde ist. Genau das brauchen wir heute wieder. Die Leute wissen nicht mehr, was Sünde ist. Weil alle so handeln, glauben sie, das dürften sie auch. Es tun ja alle. Was alle tun, muss ja richtig sein. Einer der vielen Irrtümer unserer Zeit.

Ignatius von Loyola, 16. Jh. am Anfang seiner Bewegung, noch als Laie, predigte über die Sünde und besonders über schwere Sünde.

Die Offiziellen der Kirche verboten ihm das.

Er stand im Verdacht, ein Alumbrado zu sein, ein Erleuchteter, ein Schwarmgeist aus einer reformatorischen Bewegung.

Ignatius: Wenn ich nicht über die Sünde predigen darf, brauche ich überhaupt nicht zu predigen. Denn das ist der Dreh- und Angelpunkt von – Umkehr.

Nach gründlichen Studien in Paris durfte er mit Erlaubnis des Inquisitors wieder predigen.

Im Heute

Genau das gleiche wie heute. Sünden-Bewusstsein, also Wissen, was Sünde ist, als Voraussetzung zu echter Umkehr, Versöhnung in alle Richtungen, ist die Grundlage für Erneuerung von Kirche und Gesellschaft. Wenn sich die Kirche selber dazu wieder be-kehrt, wenn wir Offizielle selber wieder regelmäßig beichten, dann können wir auch wieder überzeugend darüber reden – aus persönlicher Erfahrung reden. Wovon ich selber überzeugt bin, davon – nur davon – kann ich auch andere überzeugen.

Meine eigene Beicht-Praxis

Wenn ich für die Beichte als Fest der Versöhnung werben möchte, möchte ich schließlich persönlich Farbe bekennen, wie ich es mit diesem Sakrament halte: Generell beichte ich jeden Monat, zumeist vor dem Herz-Jesu-Freitag. Vor wichtigen geistlichen Ereignissen, einem größeren Gottesdienst – etwa mit Heilungsgebet, oder vor Exerzitien oder einem Seminar, oder anderen geistlichen Veranstaltungen – beichte ich. Wenn ich ganz versöhnt bin, bin ich nicht so leicht angreifbar vom Feind. (Wenn er die Herde schlagen will, muss er zuerst den Hirten treffen.) Eigene, oft gemachte Erfahrung, bis ich die Zusammenhänge endlich begriffen habe. Nach einem solchen Ereignis, auch nach jedem Beichtehören, gehe ich vor den Tabernakel, um alle Personen und was mit ihrer Beichte zusammenhängt, Ihm zu bringen. Selber wieder frei und rein zu werden. Nicht selten gehe ich aber dann zusätzlich nochmals zur Beichte.

Als Priester selber immer wieder die sakramentale Versöhnung suchen. Dazu gehört ein Schuss Demut. Durch eigene Übung solcher Verdemütigung haben wir als Priester Verständnis für die Hemmschwelle und andere Schwierigkeiten der Menschen mit diesem Sakrament. Viele Dinge im Leben sind unangenehm. Aber deshalb sind sie nicht unwichtig. Gerade im Anpacken von unangenehmen Dingen wachsen wir über uns hinaus, gewinnen wir an Stabilität in Glauben und Leben.

Heilungen

Heilung allgemein

Eine Ur-Erfahrung in unserem Leben ist, dass das Leben allgemein – gefährdet ist, angegriffen ist – von Anfang an.

Es bedarf keiner eigenen Erwähnung >> Abtreibung bisher, neuerdings Forschung an Embryonen, »humanes Sterben«, meint eigentlich Euthanasie …

Selbst wenn wir diese Themen ausklammern – sie sind eine Frage des ethischen Niveaus einer Gesellschaft – erfahren wir in unserem normalen, täglichen Leben: Unser Leben ist ständig in Gefahr, wenn wir auf die Straße gehen, wenn wir ins Auto oder ins Flugzeug steigen, sogar wenn wir zu Bett gehen …

Von Kindheit an erleben wir Krankheit, an uns selber, an anderen; erleben wir Tod …

Unser Leben ist ein Kommen und Abschiednehmen müssen, mal trifft es uns selber, mal andere.

Warum ich selber leben darf, warum mich kein Abgang, keine Abtreibung getroffen hat, keine tödliche Krankheit, kein Unfall bisher: Ich weiß es nicht. Eigentlich weiß ich es schon. Aber mit dieser Antwort bin ich bereits auf einem Gebiet, an dem sich die Geister scheiden.

Ich spreche nicht von Medizin, nicht von Psychologie, auch nicht von Heilpraxis oder einer anderen Heilkunst. Ich spreche ausschließlich vom geistig-geistlichen Bereich des Menschen, der natürlich andere Bereiche berührt.

Aber wenn ich hier über Heilung rede, dann bitte ich zu berücksichtigen, dass ich Priester bin – kein Arzt, kein Therapeut, kein Heilpraktiker.

Die Tätigkeit des Priesters, ja der Kirche überhaupt, im Grunde das Wollen Jesu – sehe ich und habe es bisher so erlebt – ist eine heilende, dem Leben helfende, jedes Leben heilende, dem Leben des Menschen ganzheitlich dienende – Tätigkeit.

Ich wehre mich dagegen, das Tun der Kirche nur im Sozialen zu sehen, oder im Theologischen, sprich theoretischen Auseinandersetzungen (mit dem Touch des Lebensfremden, Unzeitgemäßen – eigentlich Überflüssigen), oder in christlich verbrämten, feierlich gestalteten Initiationsriten (die dann auch austauschbar sind mit einer Namensgebungsfeier oder der Jugendweihe u.a. ...).

Ich habe mein Werden zum Priester und mein Leben als Priester bisher als zum Leben helfend, Leben heilend – gesehen und erst recht – erlebt. Dem Leben helfen, zu einem glücklichen, ganzheitlichen, erfüllten und erfüllenden Leben helfen – das ist die Aufgabe der Kirche. So sehe ich meine Aufgabe als Priester – in dieser Kirche, für diese Kirche.

Dazu gehört – wesentlich – das verwundete Leben heilen, wenigstens dazu zu helfen, es heiler werden zu lassen.

Aber natürlich nicht in Konkurrenz zum Arzt oder Therapeuten – sondern ergänzend, im besten Fall in Zusammenarbeit mit allen heilenden Wissenschaften.

Ich höre immer wieder Aussagen von Ärzten (über deren Patienten) wie: Bei Ihnen spielen noch andere Kräfte mit. – Sie sind ein besonderes Phänomen. – Sie fallen aus der Reihe all unserer bisherigen Erfahrungen. Wenn ein Arzt mit einer solchen Aussage zugeben kann, dass er nicht der alleinig Heilende ist – ist das schon eine Menge. »Er ist nicht weit weg vom Reiche Gottes« – würde Jesus sagen.

Zu uns kommen natürlich viele Menschen, denen ohnehin niemand mehr helfen kann: von den Ärzten aufgegeben (Krebs), nach mehreren Aufenthalten in Psychiatrien – austherapiert – entlassen (um einige Extremfälle zu nennen).

Jetzt haben solche Menschen gehört, da gibt es einen Pfarrer, oder da findet ein Gottesdienst statt, wo man für Kranke betet. Solche Personen werden zumeist einfach von anderen mitgeschleppt. In ihrer Not oder schon Verzweiflung – probieren sie halt alles, was irgendwie helfen könnte. Im günstigsten Fall geraten sie uns in die Hände (der Kirche, einem Priester), nicht irgendwelchen Scharlatanen oder Sekten (die es leider in Überfülle gibt).

Heilung durch Gebet

Wenn jemand zu mir kommt, dann geht es – ausschließlich – um Heilung durch Gebet.

Das kann umfassender werden, als man sich vorstellen kann.

Es gibt Fälle, da reicht ein einfaches Gebet.

Es gibt andere Fälle, da beziehe ich andere mir bekannte Personen mit ein, von denen ich erprobt weiß, dass sie Gaben (geistliche Gaben, Charismen) haben, die helfen können, an die Wurzel des Übels heranzukommen. Da kann ein einmaliges Gebet reichen. Oder wir müssen mehrere Treffen vereinbaren.

Unterscheidung:

Der eigentlich Heilende ist Jesus Christus. Das möchte ich ganz klar und grundlegend allem Folgenden voranstellen.

Wir nennen ihn ja in der einzigen deutschsprachigen Bezeichnung mit dem schönen Wort: Heiland.

Natürlich wird zunächst abgecheckt, ob die normalen Hilfen wie Arzt, Therapeut ... schon in Anspruch genommen wurden.

Wenn nicht, schicke ich die Leute zunächst dorthin. Ich habe Leute natürlich auch zum Therapeuten geschickt oder in eine Klinik empfohlen (sogar schon selber hingefahren, allerdings eher in eine christlich geführte Einrichtung).

Wenn ich selber nicht helfen kann. Oder wenn es sich um einen Bereich handelt, von dem ich zu wenig weiß, oder eigentlich nichts wissen will – dann schlage ich mir bekannte und meines Erachtens bewährte andere Helfer (nicht Heiler!) vor.

Wenn ich der Meinung bin, ich könne – in diesem Sinne – helfen, unterscheiden wir – im Wesentlichen – drei Bereiche:

– Innere Heilung (psychisch oder geistlich)
– Befreiung (aus Bindungen, Blockaden negativen Ursprungs)
– Äußere Heilung (körperlich)

Innere Heilung

Heilung von seelischen Wunden, erkennbar an Reaktionen.

Wir (müssen) wissen, jeder Mensch – auch wir selber – reagieren aus unseren inneren Wunden heraus. Diese Tatsache, ja oft schmerzliche Erfahrung, müssten wir immer vor Augen haben – im Umgang in unseren zwischenmenschlichen Bereichen.

Besonders in Stresssituationen, also unangenehmen Befindlichkeiten sollten wir dies beachten. Wir könnten uns viel Spannung und Ärger ersparen, wenn wir mit dieser Wahrheit mehr rechneten: Wir alle reagieren aus unseren seelischen Verletzungen heraus.

Aus diesen Verletzungen heraus entstehen: die berühmten Macken, die verschiedensten Arten von Phobien, Zwänge, Zwangshandlungen ...

Ursachen sind in unserem, eher geistlichen Bereich:
die Umstände der Zeugung (aus Liebe, Ängstlichkeit vor Empfängnis, Vergewaltigung ...)

Alle Arten der Ablehnung:
Erschrecken der Mutter bei Entdecken der Schwangerschaft;
Ängste vor evtl. Behinderung des Kindes;
Angst der Mutter vor dem Vater des Kindes;
Ablehnung von der Außenwelt: (Schwieger-)Eltern, Geschwister;
allein schon der Gedanke oder das Ringen um Abtreibung oder nicht ...

Wir wissen: Unser Geist speichert alle Empfindungen. Bis zum dritten Lebensjahr sind diese nicht in unserer Erinnerung, sondern gespeichert im Unterbewusstsein. Die Psyche ist erst bis zur Vollendung des dritten Lebensjahrs so weit entwickelt, dass sie sich später an Erlebtes erinnern kann. Alle späteren Störungen hinterlassen Wunden:
Verletzungen in der Reifung der Geschlechtlichkeit: Ablehnung des Geschlechts durch ein Elternteil. Das reizende Töchterchen hätte ein Bub werden sollen. Eine junge Frau hat die Monatsregel verweigert, so sehr, dass sie ihr Geschlecht ablehnt. Unzufrieden mit dem Äußeren. Missbrauch, Vergewaltigung ...

Störungen im Sozialverhalten:
Kontakt-Unfähigkeit, anerkannt sein oder abgelehnt, verspottet werden, immer sich dem Willen der Eltern unterwerfen müssen (mit gebrochenem Rückgrat weiterleben müssen), Außenseiter sein ...

Wege der Heilung
Aufdecken in einer Art Anamnese oder Erkennen durch die Gaben-Charismen (Erkenntnis, Prophetie, »Herzensschau«) – so weit möglich.

Heilung durch Vergebung
Drei Arten der Vergebung
1. Ich vergebe den Personen, die an mir schuldig geworden sind, auch über den Tod hinaus (Eltern, Lehrer, Priester – Schläge, Demütigungen ...)
Oft hört man: Ich kann nicht vergeben.
Vergebung ist der Anfang zur Heilung, wenn Jesus sagt:
Deine Sünden sind dir vergeben (Mk 2,5).
Ich selbst werde heil, habe selber am meisten davon.
2. Ich vergebe mir selbst:
Selbstdemütigung: Dass mir das passiert ist. Mir doch nicht.
3. Ich vergebe Gott.

Das ist für uns ungewohnt. Gott vergeben, dass Er etwas zugelassen hat, das ich nicht verstehe, womit ich nicht einverstanden bin. Gott hat mich enttäuscht, bei einem Todesfall, Unfall ...
Das begreife ich nicht. Damit bin ich nicht einverstanden.
Warum? Warum gerade mir?
Wenn ich meinen inneren Frieden wiederfinden will, muss ich Gott vergeben. Nicht dass er schuldig geworden wäre. Mit meiner Anklage gegenüber Gott steht diese zwischen mir und ihm. Will ich dieses Hindernis beseitigen, kann ich die Anklage mit Vergebung ersetzen.

Vergebung von Schuld durch Bekenntnis
In der katholischen Kirche gibt es das Sakrament der Versöhnung. Die Beichte erfährt gerade im Bereich der Inneren Heilung eine neue Renaissance. Wer sich auf einen Heilungsprozess einlässt, bekommt irgendwie wieder ein Bewusstsein, was Sünde ist. Frauen bekennen plötzlich eine (oder mehrere) Abtreibungen. Es ist ja gesetzlich (politisch) »erlaubt«.

Bei uns ist das nie ein Thema. Trotzdem bekennen Frauen, dass sie abgetrieben haben, manchmal mit der Einschränkung: Ich wusste nicht, dass das Sünde ist.

Gott vergibt durch die Kirche alles, wenn ich bereue: Es tut mir leid. Reue ist Voraussetzung zur Vergebung.

Das Problem heute ist ein Mangel an Sünden-Bewusstsein. Also brauche ich auch nichts zu bereuen. Selbst wenn da etwas sein könnte, wird es abgestritten, geleugnet. Die aktuellere Lösung ist weg-psychologisieren, sich selbst entschuldigen.

Die aktuellste Lösung ist Schönreden, Lügen als Wahrheit verkaufen. Wahrheit als Lüge hinstellen.

Was ist der häufigst gebrauchte Slogan in der Werbung, im Verkauf: Kein Problem! Dabei haben wir heute Probleme en masse.

Befreiung
Bei nicht wenigen Menschen merkt man im Laufe des Betens, dass eine Verwundung vorliegen kann, die aus Belastungen von, oder Bindungen an negative Einflüsse kommen.

Dabei ist zu unterscheiden zwischen Belastungen oder Bindungen, von mir selber verursacht, oder Umgang mit okkulten Praktiken: Wahrsagen, Kartenschlagen, Tischerücken …

Heilung
Heilung kann geschehen, wenn ich folgendes beachte:
1. Widerrufen, wenn ich selbst schuld bin.

2. Sakrament der Versöhnung mit Lossprechen von allen Sünden durch den Priester nach einem offenen Sünden-Bekenntnis.
3. Bei Fremdverschulden, je nachdem, was aufgedeckt wird, Gebet um Heilung von Fehlverhalten, das sich durch mehrere Generationen zieht (Alkoholismus, Unzucht …).

Bei Abgängen, Abtreibungen haben wir gute, heilende Erfahrungen damit gemacht, dass wir eine Mutter ermutigt haben, bei Schuld das Kind um Vergebung zu bitten, es in die Barmherzigkeit Gottes zu geben und ihm einen Namen zu geben.

In einem Fall mit fünf Abgängen sind nach solchem Gebet die Depressionen einer Frau verschwunden, sofort.

Vergeben dem, der an mir schuldig geworden ist.

Um Vergebung bitten, wo ich Schuld habe …

Das Reich Gottes wächst durch Heilung.

Das Reich Gottes hat mit Heilung zu tun.

Jesus sagt nach einer Heilung immer:

Dein Glaube hat dir geholfen.

Es liegt offenbar in unserer Hand, in der Hand des Einzelnen, wie er mit dem Phänomen Krankheit, besser Un-Heil-Sein und deren Heilung umgeht. Letztlich geht es um den Glauben.

Glauben in dem Sinne einer lebendigen Beziehung zu Jesus als seinem Erlöser und Heiland.

In einer lebendigen Beziehung – schon im Zwischenmenschlichen, denken wir an zwei Liebende – fließt Leben von einem zum andern. Um wieviel mehr zwischen Jesus und mir als Menschen.

Im Glauben geht es um das Leben, um mein Leben mit Jesus, dem Sohn Gottes.

Gott sei Dank dürfen wir heute solchen lebendigen Glauben vielfach erfahren, demnach auch viele Heilungen im dargestellten Sinn.

Das gibt mir persönlich viel Hoffnung, was Glaube und Kirche angeht.

Man braucht nur hinzuschauen, offen zu sein für Möglichkeiten, die über meinen bisherigen Verstehenshorizont hinausgehen.

Jesus: Wo zwei oder drei in meinem Namen beisammen sind, da bin ich mitten unter ihnen (Mt 18,20).

Dieses Versprechen wirkt Gemeinschaft bildend. Ich muss einen andern bitten, mit mir zu beten – um Heilung. Also betet Kirche in Einheit mit Jesus.

Außerdem ist dies, gerade für uns Europäer, die alles allein können, demütigend, einen andern zu bitten, für mich etwas zu tun.

Die Sakramente

Im katholischen Raum sind alle Möglichkeiten, mich mit meiner Existenz der Vergänglichkeit in die heilige und heilende Gegenwart Gottes zu bringen. Gott real werden zu lassen in meinem Leben. Ihn handeln zu lassen – an mir – in all den Bereichen, die des Heilens, der Ergänzung, der Vergebung bedürfen.

Heilung der Ehe, der Beziehungen in der Familie, im Betrieb ...

Ein neues Wort für Liebe heißt sich Zeit nehmen, etwa für die Bedürfnisse der Frau, der Kinder, der alten Eltern ...

Es ist doch eine allgemeine Erfahrung: Die Zeit, die ich anderen schenke – im Zuhören, miteinander Zeit verbringen, auch die Zeit für das Gebet, wird uns mehrfach zurück geschenkt.

Je mehr ich bete, obwohl ich viel Arbeit habe, desto leichter gelingt mir die Arbeit, desto schneller, gezielter arbeite ich.

Ich bekomme die Zeit, die ich zur Begegnung mit Gott verwende, wieder zurück. Oft bleibt sogar noch Zeit übrig, mit der ich gar nicht gerechnet habe.

Zuwendung, die wir anderen schenken, Patienten, Klienten, Beichtenden ... – geben uns viel zurück an Anerkennung, Zuwendung, Dankbarkeit, Erfüllung, auch Liebe, Sinnerfüllung ... .

Die Leute erzählen über ihr Leben, über ihre Erfahrungen in der Ehe, in ihren Beziehungen, auch ihre Beziehung zu Gott – selbst wenn es mühsam ist – das bereichert auch mein Leben. Davon kann ich viel lernen.

Nach sechs Stunden Beichte bin ich der glücklichste Mensch.

Die Leute bedanken sich manchmal für meinen Einsatz.

Ich sage darauf: Sie haben nur mich erlebt als Priester. Ich habe 10, 20, 30 Personen erleben dürfen. Ich bin vielleicht physisch erschöpft, aber innerlich, geistlich aufgerichtet, viel mehr bereichert – als die andern.

Zu-Hören:

Junge Paare haben nicht selten keinen Fernseher.

Sie erzählen sich von ihrer Arbeit, was sie bewegt hat.

Einmal in der Fastenzeit hatte ich die Idee, einen Vertrag mit den Kindern zu machen, nur drei TV-Sendungen pro Tag zu sehen.

Das Ergebnis: Sie erzählten im Unterricht: Wir spielen miteinander. Ich lese ein Buch. Kein Streit wegen des Programms. Weniger Hektik.

Frauen imponiert das bei uns Priestern: Die hören wenigstens zu.

Ich antworte auf solche Bewunderung, etwas desillusionierend: Das ist mein Beruf. Ihr Mann hat einen anderen Beruf.

1998 gab es eine Erklärung von 100 Nobelpreisträgern, alle Naturwissenschaftler:

Die Lösung für die Krise der Zivilisation liegt nicht in weiteren Entwicklungen, sondern in der Umkehr des Herzens und des Verhaltens des Verstandes.

Ohne solche Umkehr gibt es immer größere Konflikte und Zerstörungen zwischen den Nationen.

Das ist die geistliche Krankheit der Gesellschaft, eine Ohnmacht geistlich zu kommunizieren.

Der Mensch hat Geist, Intellekt und Freiheit, die er mit seinem Willen lenkt. Das unterscheidet ihn in herausragender Weise von der übrigen Kreatur.

Diese Eigenschaften sind göttliche Eigenschaften.

Damit hat der Mensch die Freiheit, die Schöpfung weiter zu entfalten, weiter zu schöpfen, seine Kreativität einzusetzen, die Schöpfung weiter zu bringen.

Seine Freiheit richtig einzusetzen gelingt dem Menschen nur, wenn er sie zurück bindet an Gott, dem absoluten Geist.

Er allein weiß, wozu er das alles geschaffen hat.

Er allein kennt den Sinn, das Ziel von all dem Ganzen.

Deshalb ist es doch logisch, wenn der Mensch mit diesem Geist Kontakt hält, um seine eigene Aufgabe in dem Ganzen herauszubekommen (nicht nur die paar Jahre unseres Lebens).

Die Sehnsucht Gottes ist der Mensch

Diesen absoluten Geist nennen wir Gott.

Er zeigte und zeigt sich nicht als irgendein Unhold, nicht als undefinierbarer Übergeist, allgewaltig und über allem erhaben:

Er zeigt sich uns als Vater.

Er zeigt sich uns als Mensch, als einer wie wir – in Jesus Christus.

Die Kommunikation zwischen beiden, die Kreativität dieser Kommunikation, was zwischen beiden strömt und fließt ist Liebe, ist Geist, Heiliger Geist.

Gott will mit uns in Gemeinschaft leben.

Adam, wo bist du? (Gen 3,9)

Adam versteckte sich damals – wegen seiner Sünde, seines Ungehorsams. Er hat einseitig die Gemeinschaft mit Gott aufgekündigt. Das ist seine Nacktheit. Seine Isolation. Sein Alleinsein.

Wir brauchen uns vor Gott nicht mehr zu verstecken – seit Jesus.

Gott will mit uns in Gemeinschaft leben.

Dazu braucht es Umkehr.

Umkehr von unseren eigenen Wegen, die sich mehr und mehr als zerstörerische, Leben vernichtende, Leben-feindliche Wege demaskieren.

Was basteln wir an den Genen herum? Das eine Leben wird vernichtet, um anderes Leben zu heilen, zu retten, nur weil sie Angst haben vor dem Tod.

Ein in Gemeinschaft mit diesem Vater Lebender braucht keine Angst vor dem Tod zu haben. Weil er weiß, dass damit erst sein eigentliches Leben beginnt.

Der Tod als Tor zum eigentlichen Leben. Wie die Geburt das Tor ist zu diesem Leben.

Nehmen wir Gott an

Er will uns retten aus unserer Einsamkeit, will uns herausholen aus unserer tödlichen Isolation.

Er will uns ein Leben in Fülle schenken.

Für einen Gott annehmenden Menschen lösen sich viele Probleme.

Mehr Liebe – dann haben wir viele Probleme gar nicht.

Mehr füreinander Mensch sein – und nicht Wolf, in dem Sinne: Was kann ich aus dem andern herausholen – und es wird wieder wärmer zwischen den Menschen, angenehmer, lebenswerter, freundlicher (einander Freund sein).

Der Mensch ist auf Gott angelegt

Der Mensch ist so kompliziert angelegt, so empfindsam, hochsensibel. Das ist für mich ein Zeichen dafür, dass der Mensch ohne Gott gar nicht zu Recht kommt, ohne Gott gar nicht leben kann, geschweige denn – überleben (als ein Minimum an Leben verstanden).

Die glücklichsten Menschen sind die Heiligen, Menschen, die mit Gott gelebt haben, und dies immer noch tun dürfen.

Sie leben weiter mit Ihm, ihrem Schöpfer und Erlöser.

Eine Unlogik unseres Zeitdenkens:

Wir wollen alle alt werden.

Keiner will alt sein.

Da kam einer, der will, dass unser Leben ewig bleibt.

Zu dem sagen wir: Nein, danke!

Was wollen wir eigentlich?

Ich will leben – und gönne dasselbe jedem andern auch.

Deshalb rede ich von Gott

als der Heimat allen Lebens –

auch meines Lebens –

und deines Lebens.

Fälle

Eine mir näher nicht bekannte Frau erzählte mir am Telefon, sie hätte mich schon vor fast zehn Jahren angerufen, damals in meiner ersten Pfarrei. Ihr Baby, damals noch nicht ein Jahr alt, sei krank. Kein Arzt finde heraus, was es habe. Jemand hat sie auf den Pfarrer dort aufmerksam gemacht. Sie solle doch mal mich anrufen. Ich hätte gesagt, ich nehme ihr Anliegen mit in die Messe hinein.

Normalerweise ließ ich die Leute immer kommen zum sprechen und mit ihnen zu beten, damals noch meistens mit Handauflegung.

Offensichtlich war ich sehr unter Druck, dass ich sie einfach vertröstete, ihr Kind in der Messe in Sein Leiden und Sterben hineinzugeben, damit sie an der Kraft der Auferstehung teilhaben könnte. Das mache ich immer für alle an mich herangetragenen Fälle, für alle Menschen, mit denen ich zu tun habe. – Nach fast zehn Jahren erzählt mir die Mutter, ihr Kind sei damals ganz gesund geworden und vergangenes Jahr zur Erstkommunion gegangen ...

Eine Frau kam zu meinem Gebetsteam, also in der Kirche, ihre Tochter, noch jung, sei sehr depressiv. Wir beteten für die Tochter. Durch die Gabe der Erkenntnis kam das Wort Abtreibung. Bei solchen Erkenntnissen (eine Ein-Gabe des Heiligen Geistes) fragen wir die Leute, ob die Erkenntnis stimme. Denn die Personen sollen einbezogen werden in das Gebet. Viele staunen, was da so ans Tageslicht kommt. Manche werden durch diese Gabe überzeugt, dass hier Gott am Werk ist. Und drücken ihre Überraschung auch aus.

Die Frau sagte, nein sie habe nie abgetrieben. Immer wieder kam dieser eine Begriff. Bei der Mutter lief natürlich auch ein Prozess. In solchen Fällen beten wir dann, dass der Heilige Geist alles aufdecken soll, am besten bei dem Patienten selber oder bei uns. Schließlich sagte die Frau, tatsächlich trug sie sich bei dieser Tochter mit dem Gedanken abzutreiben. Sie hätte es aber doch nicht getan. Jetzt war es heraus.

Wir beteten das Übliche. Wir baten die Mutter, die Tochter (innerlich) um Verzeihung zu bitten, Gott für dieses Kind zu danken. Wir beteten um Heilung der Verletzung bei Mutter und Tochter, die ja inzwischen längst erwachsen war. – Später erfuhren wir, dass die Depression verschwunden, die Lebensfreude bei der Tochter wieder gekommen sei.

Aus München kam ein Anruf, jemand hätte ihr geraten, sich an mich zu wenden. Wir vereinbarten einen Termin.

Eine junge hübsche Frau klingelte an der Pfarrhaustür: Sie litt an schweren Depressionen. Konnte ihren Beruf als Bankangestellte nicht mehr ausüben. Jetzt könne sie nicht einmal mehr selbstständig Auto fahren. Sie wurde gefahren. Sie sei ganz ohne Lebensfreude, ohne Hoffnung.

Natürlich frage ich immer nach der Beziehung zu Gott und wie diese aussieht, also konkret gelebt wird. Nach einer geistlichen Anamnese, Familiengeschichte, Esoterik, okkulte Praktiken … fangen wir zu beten an. Wie immer, wenn ich nicht auf den Punkt komme, bete ich für die Person mit Handauflegung um den Heiligen Geist. Ich informiere die Person immer über den Inhalt meines Gebets, damit sie Vertrauen bekommen und nicht glauben, ich würde irgendeinen Hokuspokus machen, wie Abbeten oder ähnliches … . Ich ermutige die Leute, mir alles zu sagen, was ihnen jetzt einfällt, während ich um Erleuchtung durch den Heiligen Geist bete: Namen, Erlebnisse, Personen – einfach alles, was kommt, auch wenn es ihnen lächerlich oder nicht erwähnenswert oder gar peinlich erscheine.

Natürlich kommt anfangs meistens nichts. Ich frage immer wieder, ob nichts komme. Irgendwann fangen sie zu erzählen an: Ich weiß nicht, ob das wichtig ist … . Inzwischen kann ich mit diesen Informationen umgehen, sie deuten, Wichtiges von weniger Wichtigem unterscheiden.

In unserem Falle kam ziemlich bald, sinngemäß: Ich weiß nicht, ob das wichtig ist … . Als ich einmal echt verzweifelt war und glaubte, dass mich Gott verlassen habe, betete ich: »Wenn mir Gott nicht hilft, soll mir der Teufel helfen.« – Das war's!

Ohne Dramatik, ganz locker und leicht wie alles bisher, ohne Ängste zu schüren oder sich in Szene setzen zu wollen, gingen wir daran, diesen Satz zu widerrufen und allen negativen Einflüssen bisher zu widersagen. Dann verbinden wir uns neu mit Gott, dem Vater als unserem Schöpfer, mit Jesus unserem Erlöser und dem Heiligen Geist.

Also eine Tauferneuerung, Erneuerung unseres Bundes mit Gott. Dann bete ich um Befreiung. Die einzelnen Vorgänge aber leise, damit die Leute nicht abgelenkt werden. Außerdem spreche ich im Beten immer die Gedanken aus, die mir so kommen. Nicht selten bewegen sie etwas im Patienten. Zum Schluss beten wir noch gemeinsam ein Vaterunser, Gegrüßt seist du Maria und ich gebe den Segen.

Ich bat die Patientin, mich anzurufen, wenn sie nach Hause gekommen sei. Im Falle es schlechter würde, sollte sie mich sofort anrufen. Das ist oft ein gutes Zeichen von Reaktion. – Nach etwa vier Wochen rief sie an, es gehe ihr ausgezeichnet. Ich bat sie, weiter anzurufen, wenn sich etwas zum Schlechteren verändern würde. Nach einem Abstand von einem Jahr rief sie, wie vereinbart, nochmals an, es blieb bei ihrem guten Zustand. Sie übe ihren Beruf wieder aus und könne wieder selbstständig Auto fahren. Sie sei in keiner Weise mehr beeinträchtigt. Es gehe ihr gut. Ich habe seither nichts mehr von ihr gehört. Ich hoffe, sie ist glücklich geworden und eine treue Christin ...

Eine Frau mit Krebs schreibt in einem Brief: ... vielen Dank für euer Gebet. Die Operation ist gut verlaufen. Zum dritten Mal hat man mir das Brustbein aufgemacht, die befallenen Lymphknoten entfernt, alles was die Ärzte gesehen hatten.

Geheilt bin ich noch nicht. Ich lege alles in Gottes Hände ... Es war eine schwierige Stelle. Im Bereich Luftröhre, Speiseröhre, Herzschlagader. Der Professor sagte zu mir im Aufwachraum, ich sei ein Phänomen. Ich bin am Donnerstag operiert worden, nächsten Donnerstag war ich schon zuhause. Mir geht es soweit gut. Viele freuen sich und können es gar nicht glauben, wie fit ich schon bin. Ich glaube, dass ich im Gebet getragen worden bin ...

Segnen

Segnen – nicht mehr aktuell

In unserer – damals – aufgeklärten Theologie spielten Segen und Segnen keine große Rolle mehr. Dass ich als Priester jetzt viel segnen sollte, war mir – ungewohnt ohnehin. Wenn jemand wegen so etwas auf mich zukam, war mir das eher peinlich, wenn nicht sogar lästig.

Voll überzeugt von der Bedeutung der Laien, war ich nicht überzeugt, dass ich als Priester eine besondere Segensvollmacht hätte.

Im Lauf der Priesterjahre mit entsprechenden Erfahrungen im Heilungs- und Befreiungs-Dienst, musste ich erkennen, dass der geweihte Priester eben doch Vollmachten hat.

Einige Beispiele sollen dies anschaulich machen, nicht um das Besondere eines Priesters herauszustellen, sondern um Kollegen mit ähnlichen Denkweisen Mut zu machen, ihr Denken verändern zu lassen.

Segnen mit seinen Folgen

Nach einer Trauung, von dessen Gutgehen ich nicht überzeugt war, segnete ich das Brautpaar. Ohne es zu wollen, war ich beim Segnen mit ausgebreiteten Armen selber so ergriffen, dass die Worte wohl irgendwie ein stärkeres Gewicht hatten, mehr durchdrangen, vielleicht in die Herzen der anwesenden Gemeinde … . Ich kann es nicht richtig erklären. Es war anders als sonst. – Später kam eine Teilnehmerin darauf zu sprechen, etwa mit den Worten, also dieser Segen bei der Trauung … . Vielleicht haben ihn die beiden gebraucht … .

Auf einem Weg sah ich das ganze Leitungs-Team des Kindergartens im Garten. Ich grüßte nur auf die Weite. Irgendwie ohne es recht zu wollen, machte ich mit der rechten Hand das Kreuzzeichen zu den Frauen hinüber. Später sagte mir eine Erzieherin, bei dieser (Segens-)Geste sei es ihr durch und durch gegangen. Sie fühlte sich gesegnet, ganz leicht, innerlich berührt, mit einem großen inneren Frieden als Folge. Ich war darüber sehr erstaunt.

Im Kloster einer neuen Gemeinschaft – für ein paar Tage der Stille. Die ganze Gemeinschaft saß beim Mittagessen. Wir löffelten die Suppe. Irgendetwas stimmte an der Suppe nicht. Ich verdrängte den Gedanken. Plötzlich sprach es jemand aus, die Suppe war sauer. Eine saure Suppe ist so schlimm ja nicht. Normalerweise verzichtet man auf eine saure Suppe. Vermutlich war sie schon öfters aufgewärmt worden, oder wenigstens Substanzen davon.

Die Oberin stellte den Tatbestand fest und forderte mich als Priester auf, die Suppe zu segnen. Alle legten ihren Löffel weg. Wir beteten kurz. Ich segnete die Suppe, dass sie keinen Schaden anrichten könne. Dann löffelten alle weiter, ohne sich etwas anmerken zu lassen.

 Nur ich hatte jetzt Probleme mit meiner Suppe, die ich vorher nicht hatte. Ich konnte die Suppe nicht mehr weiter essen. Die Oberin bemerkte dies und lachte, Anton glaubt nicht an die Kraft seines Segens.

Inzwischen ist es mir zur Selbstverständlichkeit geworden, alles Essen zu segnen, dass die giftigen Substanzen keinen Schaden anrichten. An Ostern habe ich in allen Gemeinden dafür geworben, den alten Brauch aufleben lassen, für die Gottesdienste einen »Osterkorb« in der Familie mit den Kindern herzurichten und damit zum Ostergottesdienst zu kommen und den Inhalt segnen zu lassen.

Jedes Jahr wurden es mehr Osterkörbe, sodass ein See von Körben bis in den Mittelgang der Kirche strömte. Ein schöner Anblick. In der Gemeinde wuchs das Gespür, das an die Osternacht-Feier in der Kirche anschließende Frühstück oder Abendessen als altchristliche Agape fortzusetzen mit gesegneten Ostereiern, einem Lamm gebacken oder aus Butter, wie im Allgäu üblich. Sogar Brot, Schinken (im Ries in Brot gebacken) und Salz werden gesegnet. Unsre Mutter hat die gesegneten Schalen der Eier im Gemüsegarten vergraben. Sie sollten Segen für gutes Wachstum bringen.

Abends segne ich meine Wohnung, die ganze Gemeinde und alle, die zu mir gehören, für die ich als Priester Verantwortung trage.

Lieben

Die Liebe meines Schöpfers
überschwemmte mich
Die Liebe meines Erlösers
durchströmte
überwältigte mich
wollte mich – ganz:
Mein Herr und mein Gott.

Wie könnte ich
ein Geschöpf
dem Schöpfer vorziehen?
Und wäre sie noch so schön
mit Werten geschmückt
schön voll Liebe
in Freude strahlend

Du, die Schönheit selbst
Creator alles Schönen
Du, die Liebe selbst
Quell allen Liebens
Du, das Leben selbst
Vater allen Lebens

Du liebst mich,
weil du
die Menschen liebst
in mir
durch mich

Du dienst mir
damit ich
dir diene
in deinem Volk
in deinem Leib
der Kirche

Ich – ein Armer
reich
durch dich
mein Gott
mein Alles.

Abtreibung

Die unerwünschten Stimmen derer, die abgetrieben haben

Eine Frau war ganz verzweifelt. Ihr Kind habe keine Chance gehabt, wegen eines Myoms. Es wäre ohnehin im Mutterleib gestorben. Aber sie wollte diesen Zustand nicht abwarten und habe das Kind abtreiben lassen. Trotzdem lasse sie das Ganze nicht in Ruhe. Sie hätte wohl besser gewartet bis die Natur selber eingegriffen hätte. Obwohl ihre Schuld objektiv wohl nicht so groß zu bemessen ist, hatte sie doch erhebliche Gewissensbisse.

Bei einem Gottesdienst mit Worten der Erkenntnis hat jemand vorgetragen, mehrere Frauen sollten sich keine Selbstvorwürfe mehr machen wegen einer Abtreibung. Der Herr habe ihnen schon verziehen.

Nach dem Gottesdienst kam eine Frau auf mich zu. In fortgeschrittenem Alter habe sie abtreiben lassen. Ihre Gewissensbisse habe sie schon oft gebeichtet. Trotzdem habe sie keine richtige Ruhe gefunden. Als sie dieses Wort in der Kirche gehört habe, sei in ihr sofort ein großer Friede eingekehrt. Sie wisse jetzt, dass Gott ihr vergeben habe.

Ohne dass Abtreibung je ein Thema von Vorträgen bei Seminaren oder Exerzitien wäre – wir haben Positives zu verkünden – kommen immer wieder solche Bekenntnisse – mit dem Bemerken, ich habe nicht gewusst, dass das falsch ist, dass das Sünde ist.

Aber jetzt – in einem geistlichen Raum – spüren sie selber, was recht und unrecht ist – vor Gott. Das Gewissen wird in einer geistlichen Atmosphäre geheilt und funktioniert wieder.

Wege zur Heilung

Immer rate ich den sich selbst verhinderten Müttern, ihre abgetriebenen Kinder um Verzeihung zu bitten, sie Gott zu empfehlen, am besten mit dem Priester zusammen innerhalb der Eucharistie (beim Brotbrechen), ihnen einen Namen zu geben und sie so in den Himmel zu entlassen. Immer kommt eine positive Reaktion, von Entlastung, Dunkelheiten oder Depressionen verschwinden.

Eine positive Einstellung zu ihrem Mann und zu den anderen Kindern – zum Leben überhaupt komme wieder. Solche Frauen sind die besten Evangelistinnen für das Leben.

Leider bekommen sie in der Öffentlichkeit kein Gehör. Sie sind unbequem, gegen den Trend, gegen die Kultur des Todes.

Solche Frauen, auch Männer, SeelsorgerInnen sollten eine Prämie dafür bekommen, wenn sie eine Frau zum Austragen ihres Babys überzeugt haben. Das erspart dem Staat viel Geld (das Land Nordrhein-Westfalen bezahlt 400 Euro Zuschuss für eine Abtreibung) und den Krankenkassen noch mehr.

Warum nimmt man die Abtreibungen nicht aus dem (Zwangs-)Leistungskatalog heraus, und fördert Frauen und ihre Familien, ihre Kinder heranwachsen zu lassen. Das wäre doch die logische Konsequenz aus dem Klagelied über Demografie, unser Volk würde überaltert. Die Überalterung, das Töten der Zukunft unseres eigenen Volkes wird staatlich subventioniert. Das sind die ersten aller Privilegien, die auf den berühmten Prüfstand müssten.

Genauso sind die künstlichen Inseminationen aus dem Leistungskatalog der Krankenkassen herauszunehmen, eine kostet nach meiner Information mindestens 5 000 Euro.

Eine Mutter von fünf Kindern erzählte mir erschüttert, sie kenne eine Frau mit diesem Vorgang: Nach mehrmaligen Versuchen einer künstlichen Insemination sei sie jetzt endlich schwanger. Der zweite Satz war sofort, sie wisse noch nicht, wohin sie ihr Kind geben könne, wenn es geboren sei. (Ist das Dekadenz? – Dekadenz in Potenz!)

Ich habe einmal eine Adoption für ein kinderloses Ehepaar vermittelt. Das war ein Riesenprozess über eine Dauer von zwei Jahren. Das später adoptierte Kind war noch längst nicht empfangen als die aufgebauschte Apparatur der Behörden begann …

Ein Volk, das so handelt, verwirkt seine Zukunft!

Begegnung mit Frauen

Frauen und Priester, das ist eine eigene Geschichte. Sicher interessant und spannend – wie das Leben selber ist.

Ich habe eine große Liebe erlebt, erlitten, erliebt, um dies vorauszuschicken. Gott sei gedankt, vor meiner Priesterweihe. Ich hatte noch die Freiheit zu wählen. Wäre es während meines Priesterseins geschehen, hätte ich die Freiheit der Wahl nicht mehr so gehabt, hätte ich womöglich geheiratet. Wer weiß das! Ich bin froh, dass es so war, wie es war. Vielleicht bin ich durch das Erleben einer – großen – Liebe mit einer Frau erst befähigt worden, ganz zur Form der Ehelosigkeit als Priester Ja sagen zu können.

Es geschieht immer wieder, dass sich eine Frau in einen Priester verliebt. Irgendwie und irgendwann bekommst du das mit.

Nach einem Gebetstreffen mit einer größeren Gruppe, beim Verabschieden von den einzelnen Teilnehmern, sah ich in den Augen einer hübschen Frau – Liebe. Ihr Blick verriet ihre Liebe. Später stellte sich heraus, dass meine Beobachtung richtig war.

Das ist doch etwas schönes, geliebt zu sein. Die Sympathie war auf beiden Seiten. Aber – es wurde nie gefährlich. Eher anspornend. Du wirst kreativer, lebendiger. Liebe zeigt dir neue Seiten des Lebens – ohne dass die andere anwesend sein muss.

Du kannst sogar wieder besser beten, alles ist lebendiger, froher. Das sagt sogar ein inzwischen berühmter Mönch in seinem kleinen, aber wunderbaren Büchlein »Ehelos – des Lebens wegen«.

Jeder geht seinen Weg weiter. Manchmal trifft man sich, schreibt einander. Bleibt im Gebet einander verbunden.

Manche Frauen suchen eine Vaterfigur. Sie sind begeistert, weswegen auch immer. Und sie kommen mit allem und jedem. Immer soll man sich um sie kümmern. Immer soll man für sie entscheiden. Sie lassen einen an allem teilhaben, wollen es zumindest.

Pfarrertick

Es gibt Frauen mit einem Pfarrer-Tick, so möchte ich dieses Krankheitsbild bezeichnen. Die wandern von einem zum andern – Pfarrer oder Pater oder Kaplan oder Vikar ...

Andere suchen sich einzuschmeicheln, was für ein außergewöhnlicher Seelenführer man wäre, indem sie erzählen, was andere Priester zu dieser oder jener Frage ihnen alles geraten hätten.

Aber jeder bekommt soviel Zeit, wie er braucht.

Wenn's um die Sache geht! Nicht zum Ausnützen und Schwätzen um anderer Ziele willen.

Ungefährliche Sexualität

Erst jetzt – immerhin habe ich schon 70 hinter mir – sind mir in einem Vortrag und einem Gespräch mit einer mir lange bekannten Frau die Augen darüber aufgegangen, warum sich manche Frauen in Priester verlieben, wegen der ungefährlichen Sexualität, so heißt der Terminus.

Eine Sichtweise, die mir einleuchtet, vieles verstehen lässt, nichtsdestotrotz müssen wir wachsam sein, um frei bleiben zu können – für alle, letztlich für Ihn, unseren Herrn und Meister, um dessentwillen wir diese Lebens-Form – freiwillig um Seines Reiches willen – gewählt haben. Besser gesagt: Ja gesagt haben zu Seiner Erwählung.

Immer wieder dürfen wir unsere Motive in unseren Beziehungen zu Frauen überprüfen, in Revision de vie, Gewissenserforschung, liebend zurückschauen wie man heute sagt ... regelmäßige Beichte, denn Offenlegen ist die beste Waffe gegen die Machenschaften des Feindes, der gerne im Zwielicht arbeitet, im Ver-heimlich-en, im Zweifel-Lassen, Ausreden finden ...

Welche Gnade, im Sakrament der Versöhnung alles offenlegen zu dürfen, auch was noch nicht Sünde ist. Erst recht natürlich Verfehlungen, denn Fehler zu machen gehört zu uns als Menschen.

Die Heilige Crescentia von Kaufbeuren rät in diesem Bereich: »Die kleinen Füchslein musst du fangen. Wenn sie groß geworden sind, zerbeißen sie dir den ganzen Weinberg.«

Bei ernsteren Eheproblemen habe ich immer versucht, auch Kontakt zum Ehemann aufzunehmen. Um wirklich helfen zu können, muss man beide kennen. Da korrigiert sich manch einseitig gewonnener Eindruck. Aus einem Monster wird ein ganz sympathischer Mensch, der auch seine Lebensgeschichte hat, Kindheit ... wie wir alle. Für eine heilende Veränderung ist das sehr wichtig. Sonst kommt noch mehr Ballast dazu wie Misstrauen, Eifersucht ...

Ich hatte im Laufe meines Lebens viele schöne und gute Begegnungen mit Männern und Frauen, ja mit ganzen Familien, besonders während meines Priesterlebens, einem Leben mit größerer Öffentlichkeit.

Menschen zu begegnen, bei denen man sich wohlfühlt, offen sprechen kann, ohne jedes Wort auf die Goldwaage legen zu müssen – das baut auf, stimmt einen froh, ja bereichert das Leben. Ein wechselseitiges Hören und Antworten, Geben und Empfangen.

Manchmal spielt die Anima-Animus-Funktion eine größere Rolle. Du begegnest jemandem, von dem du sofort fasziniert bist. Jemand, der deinem innersten (Ideal-) Bild (einer Frau) entspricht. Da braucht nicht groß was zu entstehen, zumal man schon gebunden ist, an Gott gebunden oder in einer Ehe. Ein Anlass zum Staunen über die Schönheit(en) seiner Schöpfung.

Dafür dem Schöpfer zu danken für seine überraschungsfähige Phantasie. Ihn zu preisen, uns Frauen begegnen zu lassen mit ihrem gewinnenden Charme (Charisma), mit herzlich fraulich-mütterlicher Ausstrahlung.

Verheiratet oder ehelos zu sein ist ein LebensWeg, kein Lebensinhalt und schon gar kein LebensZiel (früher Versorgungsprinzip).

Jeder muss sich durchringen, das ihm gemäße zu finden.

Alles kostet seinen Preis.

Für einen Glaubenden ist die Frage:

Was will Gott von mir?

Welchen Lebensweg hat er für mich vorgesehen? Was ist der Sinn meines Lebens? Warum und wozu hat er mich gewollt, geschaffen?

Das weiß niemand besser als er selber – mein Creator!

Alles kostet seinen Preis – Leiden

Im Zusammenhang mit dieser neuen Bewegung in Gemeinde und Umgebung gab es natürlich das Phänomen des Leidens.

Vor größeren geistlichen Veranstaltungen, vor der berühmten Charismatischen Eucharistie, hatten die Mitverantwortlichen einiges auszuhalten. Eheleute erzählten mir von Spannungen, ja Streitigkeiten – aus irgendeinem banalen Grund, worüber sie später nur staunen konnten. Andere wurden krank ...

Ich selber hatte häufig Migräne, oft verbunden mit Brechreiz.

In solchem Zustand hielt ich nicht selten auch die normalen Gemeindegottesdienste. Manchmal stieg ich erst kurz vor dem Gottesdienst aus dem Bett und wusste nicht, wie ich den Gottesdienst bewältigen sollte.

Oder mich plagten meine Bandscheiben. Bis zu zwei Wochen lag ich auf meiner Sitzbank im Wohnzimmer, das Telefon neben mir. Der Gang zur Toilette war ein größeres Ereignis, ein Kreuzgang. Ich konnte nicht zur Tür, wenn jemand klingelte. Damals war ich ohne Hausfrau ... .

Im Gottesdienst wollte die amerikanische Evangelistin erstmals mit mir zusammen, dem Pfarrer, für die Leute beten. Vorher tat sie dies immer allein. Ich humpelte hinter ihr her. Gegen Ende des Gebets konnte ich nicht mehr.

Später betete ich allein für die Leute. Auf einmal bekam ich solche Schmerzen in der Lebergegend, dass ich schier nicht mehr konnte. Ein Mitbruder vom befreundeten Nachbarland (Württemberg), den ich kannte, erbarmte sich, fasste sich ein Herz und betete für die paar Leute, die noch auf Gebete warteten.

Die Leute lobten immer die schönen, ungewöhnlichen Gottesdienste mit der eigenartigen oder dichten Atmosphäre, wie sie sich ausdrückten. Wenn die um den Preis dafür wüssten, dachte ich.

Wenn vor einer solchen Veranstaltung keine Störungen gesundheitlicher oder anderer Art waren, kamen sie hinterher.

Mit der Zeit wuchs die Erfahrung. Uns wurde bewusst, dass die Störungen in Zusammenhang mit den geistlichen Veranstaltungen standen. Dem wollten wir zuvorkommen mit entsprechender Vorbereitung: Fasten, mehr Gebet als sonst, Wallfahrten. Vor allem auch das Sakrament der Versöhnung zu empfangen, also Beichten zu gehen, damit wir weniger Angriffsflächen böten.

An den positiven Wirkungen erkannten wir – und erkennen immer noch – dass dieser Weg richtig ist. Auch heute noch, vor Seminaren oder Exerzitien, vor Einkehrtagen, erst recht vor größeren Sachen pflege ich dies zu tun. Nach vielen Beichten (als Beichtvater) empfiehlt sich das ebenfalls, damit man wieder frei wird von allem, womit man zu tun hatte.

Nach viel Gebet für andere und Beichthören gewöhnten wir uns an, vor dem Allerheiligsten zu knien und ich als Priester und Leiter betete ein Reinigungsgebet, damit jeder unbelastet wieder sein Alltagsleben aufnehmen konnte. Das sind gewachsene Erfahrungen, die wir nicht zuletzt im Austausch unserer persönlichen Erlebnisse in den verschiedenen Diensten gewonnen haben.

Ich ging zur Vorbereitung oder danach zum Danken gerne an eine etwa 15 km entfernte Wallfahrt, mitten im Wald. Ich fuhr ein Stück mit dem Auto. Den Rest, durch Felder und Wälder machte ich zu Fuß. In der Fastenzeit machten wir am Passionssonntag mit der Gemeinde eine Fußwallfahrt dorthin. Einmal stapften wir durch Schnee. Ein einziges Mal in 13 Jahren fiel die Wallfahrt wegen strömendem Regen aus, nicht aber der Gottesdienst im Kirchlein. Einige Unentwegte waren trotzdem zu Fuß gekommen.

Irgendwie lernten wir mit der Zeit mit diesen Störungen oder Angriffen umzugehen, ausschalten konnten wir sie nicht. Die Gabe der Erkenntnis war uns eine große Hilfe, die Machenschaften des andern zu erkennen und rechtzeitig zu reagieren … .

Das Leiden als solches können wir nicht abschaffen. Es müssen auch nicht alle Leiden weggebetet werden. Manche Leiden sind gut für uns, sonst würden wir übermütig.

Wenn schon leiden, dann sollen sie wenigstens nicht vergebens sein.

Ich habe mir angewöhnt, meine Leiden mit den Leiden Jesu zu verbinden. Dann werden sie wenigstens geistlich fruchtbar, für mich oder für andere.

Später bin ich auf die Idee gekommen, meine Leiden mit den Leiden Jesu – an mir – zu verbinden. Er leidet sicher auch an mir. Also bleibe ich bei mir und bilde mir nicht ein, immer nur – heroisch – an andern zu leiden. Die meisten Leiden fügen wir uns eh' selber zu. Die meisten Leiden sind selbst gemacht. Gerade wenn wir uns immer an den vermeintlichen oder wirklichen Schwächen unserer Nächsten reiben.

Oft sind das Dinge, die wir an unserem Eigenen noch nicht bewältigt oder aufgearbeitet haben. Der andere erinnert uns ständig an meine eigenen Fehler. Wenn ich an meiner eigenen Haut arbeite und mit Gottes Hilfe da etwas verändere, dann sehe ich den andern ganz anders. Bestimmte Dinge nerven mich nicht mehr. Sie kennen die berühmte Geschichte vom Splitter im Auge des andern und vom Balken im eigenen Auge (Mt 7,3).

Das Leiden ist die Kraft, die verändert.

Statt schimpfen – beten.

Schließlich erweist sich der Herr immer als der Stärkere, als der Sieger. Theoretisch im Glauben wissen wir das. Aber man kann es auch erfahren.

Die Heilige Teresa von Avila tröstet uns auch heute, wenn sie sagt: Mit Christus auf unserer Seite, gehören wir immer zu den Siegern.

Leiden gehört zum Leben

Viele Menschen glauben heute,
wenn sie einigermaßen anständig leben,
wenn sie gelegentlich oder immer
am Sonntag in die Kirche gehen,
darf ihrem Leben nichts Schlimmes
passieren.

Das ist die do ut des – Haltung
der alten Römer:
Ich gebe Gott meinen Teil,
damit er mir nichts Böses tut.
Solches Denken ist heidnisch,
nicht christlich.

Ein Christ ist in die Nachfolge
Jesu gerufen.
Das Leben Jesu ging durch Leiden
ans Kreuz – in die Vollendung.
Das Leben eines Christen
kommt nicht am Kreuz vorbei.

Das Leiden am Tod
erwirkt uns neues Leben
der Auferstehung,
was wir im Tiefsten wollen.

Hingeschüttet

hingeschüttet bin ich   wie schmutziges wasser

frierend   im stürzenden schauer
                      triefend im schmutz des weges

alleingelassen   in schwärzester nacht
                      ohne führende hand
                      hindernissen ausgeliefert
                              mich zu verletzen
                              zu stürzen

zerschlagen bin ich   wie gedroschenes stroh
                              unbrauchbar
                              der frucht beraubt

zerbrochen bin ich   wie ein dürrer zweig
                      zum verbrennen noch gut

wo ist die freude am leben
wo das licht im dunkel
wo ist frucht
wo der lebentreibende saft
wo die hoffnung auf wärmende sonne

                      der schrei nach hilfe
                              verhallt unerhört
                      der blinde glaube
                              der hoffnung beraubt
                      jubel ob seiner allmacht
                              ertrank im bach der tränen

herr wo bist du
wie hast du mich stehen lassen
gib mir hoffnung
wohin willst du mich senden

Was sagt die Kirche?

Erzbischof DDr. Josef Stimpfle

(1915 – 1996, Erzbischof von Augsburg von 1963 – 1987)

Abends im Aufenthaltsraum unseres Seminars hörten wir im Radio, dass das Bistum Augsburg einen neuen Bischof hat, Dr. Josef Stimpfle, den bisherigen Subregens des Priesterseminars Dillingen. Als damals junger Lateiner erinnere ich mich noch genau, dass der Radiosprecher den Wahlspruch des neuen Bischofs nannte: Plebi Dei peregrinanti – Dem pilgernden Volk Gottes!

So ähnlich steht das am First der Laterankirche in Rom, der Mutter aller Kirchen des ganzen Erdkreises.

Über den neuen und noch jungen Bischof haben wir Augsburger uns natürlich gefreut.

1973 hatte ich meine erste persönliche Begegnung mit Bischof Stimpfle. Ich war Senior (Studentensprecher) des Herzoglichen Georgianum in München, wie unser Priesterseminar offiziell heißt, das zweitälteste Priesterseminar der Welt, lange vor dem Tridentinum, 1494 gegründet vom Wittelsbacher Herzog Georg dem Reichen, zwei Jahre nach der Gründung der Universität, damals in Ingolstadt, dem Sitz des Herzogs, später über Landshut nach München.

Bischof Stimpfle war anlässlich einer Priesterweihe im Georgianum, wie wir Studenten unser Seminar nannten.

Der Bischof setzte sich mit seinen Augsburgern zusammen. Es gab viele Fragen. Als Senior hatte ich den Bischof zu begrüßen, das Gespräch zu eröffnen. Schließlich stellte ich eine Frage betreffs Ökumene, die damals so richtig Aufwind bekommen hatte, begünstigt durch das Konzil. Es ging um eine damals kurz zurückliegende Entscheidung des Bischofs. In seiner Antwort war der Bischof äußerst offen, legte die Hintergründe dar und versuchte auch, unser Verständnis für seine damals umstrittene Entscheidung zu gewinnen.

Es war eine sehr kritische Zeit.

Die Studenten hatten dem Regens die Befreiung von der täglichen Pflichtmesse abgetrotzt. Jeder Student hatte selbstverständlich seinen Hausschlüssel. Nur die Essenszeiten waren noch Pflicht. Die Gruppendynamik war der neueste Hit.

1968 waren wir ins Seminar eingetreten. In dieser Zeit wurde das ganze Seminar in Gruppen eingeteilt, die sich wöchentlich trafen. Alle Semester bunt gemischt, also die Jüngeren mit den Älteren und Mittleren. In den Treffen wurde die Gruppendynamik angewandt. Ich erinnere mich noch, ich legte mich mit einem älteren Semester an. Der Streitpunkt ist mir nicht mehr in Erinnerung. Wahrscheinlich war ich in meiner Denkweise noch nicht so modern wie das ältere Semester.

Es kam zum Eklat. Ich verweigerte eine weitere Teilnahme an diesen Gruppentreffen.

Gegen Ende meines Studiums war im Georgianum auch das Priesterseminar des Erzbistums München untergebracht. Als gemeinsamer Senior hatte ich also mit zwei Regenten und zwei Subregenten zu verhandeln.

Wir führten damals ein, die Seminargemeinschaft sollte monatlich an einem Wochenende gemeinsam geistliche Tage verbringen. Es war mühsam, dies durchzusetzen. Aber es gelang einigermaßen.

Zu Beginn unseres Studiums waren wir über zehn Studenten aus dem Bistum Augsburg. Am Ende unseres Studiums war ich als einziger Weihekandidat übrig geblieben … .

Alle anderen hatten entweder ein Zweitstudium begonnen Richtung Lehramt. Die Nur-Theologen bemühten sich um eine Anstellung als Religionslehrer an einer Berufsschule, mit nachzuholender Ausbildung in einem Zusatzfach. Diese Laufbahn schlug ich letztlich dann auch ein.

Einige davon ließen sich später zu ständigen Diakonen weihen.

Ich war also als einziger Weihekandidat übrig geblieben. Natürlich tat dieser Zustand etwas mit mir. Einer meiner damaligen Gedankengänge: Bist du der einzig Blöde, der nicht kapiert hat, was die Stunde geschlagen hat?

Auf diese Frage hatte ich vorläufig keine Antwort gefunden.

Außerdem lag die Last auf mir, wenn ich mich nicht weihen lasse, gibt es in diesem Jahr – 1974 – erstmals keine Priesterweihe im Seminar. Die Augsburger, die ihr Theologiestudium an der Universität in München absolvierten, wurden vom Augsburger Bischof in der Universitätskirche St. Ludwig zu Diakonen und ein Jahr später zu Priestern geweiht.

Ich meldete mich zur Diakonenweihe nicht an.

Glücklicherweise kam ein Augsburger Georgianer aus einem Freijahr aus Chile zurück. Er trat an meine Stelle. Die Priesterweihe in diesem Jahr war gerettet. Bei dessen Diakonenweihe suchte ich das Gespräch mit dem Weihbischof und begründete meine Nicht-Bewerbung.

Meine Diakonenweihe war dann doch noch, ein Jahr später, mit zwei fahrplanmäßigen Kandidaten, einen Tag vor dem Apostelfest St. Andreas 1975. In diesem Zusammenhang war meine zweite Begegnung mit Bischof Stimpfle, im sogenannten Bischofshaus in Augsburg.

Inzwischen war ich an einer Berufsschule an der nord-westlichen Grenze Bayerns tätig. Die Arbeit machte mir Freude. Nebenbei war ich in der Jugendarbeit der Pfarrei engagiert, sogar Vorsitzender des Jugendausschusses.

Schließlich hatte ich mich doch durchgerungen, Priester zu werden, nach viel Kampf und Herzbluten, nicht zuletzt ermöglicht durch das Mittragen und Mitbeten vieler lebendiger Christen. Meine oberste Prämisse war (und ist immer noch) die Frage: Was ist der Wille Gottes? Was will Er von mir – mit meinem Leben?

Ich ging zum Bischof. Ich legte ihm offen meine Situation dar. Warum ich zu meiner Berufung nicht endgültig Ja sagen konnte.

Erst durch das Kennenlernen der Charismatischen Erneuerung, mit der Erfahrung ihrer helfenden Charismen, konnte ich meine Berufung zum Priester klar erkennen und so auch klar mit Ja beantworten.

Ich brauchte nicht zu verschweigen – im Gegenteil, ich war stolz darauf – dass ich auch konkrete Schwierigkeiten mit der Ehelosigkeit hatte. Aber dies war die Folge meines Zweifelns, nicht deren Ursache.

Ein zweites Anliegen war mir, für die Vorbereitung auf die Priesterweihe nicht mehr ins Seminar zu müssen. Ich hatte meine Ausbildung voll und ganz absolviert. Im sogenannten Pastoraljahr hatte ich sogar ein halbes Jahr lang zwei Schulstunden an einer 9. Klasse einer Münchner Hauptschule übernommen.

Jetzt hatte ich als Religionslehrer an einer Berufsschule und in der Pfarrei, in der ich wohnte, zu arbeiten begonnen und wollte nicht mehr zurück. Das hieße, mein Diakonat in einer Pfarrei zu absolvieren. Das war damals neu. Ich war wohl der Erste. Heute ist das normaler Ausbildungs-Weg.

Ich schlug dem Bischof vor, aus meiner Wohnung ins Pfarrhaus ziehen zu dürfen. Der Pfarrer hatte sich in einem vorausgehenden Gespräch mit mir dazu bereit erklärt. Er sollte mein Diakonat begleiten, als Protektor oder Regens oder Beobachter … . Er war früher Benefiziat in meiner Heimatgemeinde. Von daher kannte er mich. Außerdem war er ehemaliger Subregens im Augsburger Priesterseminar. Also in jeder Hinsicht geeignet.

Am Ende der Begründung meines Antrags und meiner Vorstellungen bemerkte ich: Herr Bischof, das ist meine Situation. Das sind meine Vorstellungen. Diese wollte ich Ihnen darlegen. Aber – ich werde mich nach Ihrer Entscheidung richten. Ich werde tun, wie Sie entscheiden.

Die – für mich überraschende, eigentlich nicht erwartete – Antwort des Bischofs: Gut, machen wir das Experiment.

Er gab mir noch einige Ausführungsbestimmungen, für mich und meinen Pfarrer-Regens. Und so wurde es.

In der Pfarrei war ich in diesem Jahr eingespannt wie ein Kaplan mit Jugendarbeit, Unterricht an der Berufsschule und Hauptschule, Beerdigungen im normalen Wochen-Turnus mit Pfarrer und Kaplan, sogar Taufen und Trauungen mit Wortgottesdienst, wöchentliche Besuche im Krankenhaus, Besuche in zwei Altenheimen, monatliche Krankenkommunion, Verantwortlicher für Ministrantenarbeit (Gruppenstunden, Hüttenwoche in den Ferien ...), einige Ausschüsse des Pfarrgemeinderats, Referent bei einem regelmäßigen Bibelkreis ...

Manchmal war ich abends zu müde, um zu Bett zu gehen.

Eine große Hilfe war mir natürlich mein Kaplan, mit dem ich über alle Fragen sprechen konnte.

Priesterweihe

1976, 17. Juli war ein großer Tag für Wertingen, meine Heimat.

Der 100. Priester, der aus der Gemeinde nachweislich hervorgegangen ist, sollte in seiner Heimat zum Priester geweiht werden.

Immer wieder wurden Priester außerhalb der üblichen Weihekirchen geweiht, in Gegenden, aus denen mehrere Priester kamen. In diesem Jahr gab es nochmals einen gebürtigen Wertinger als Priesterkandidaten. Normalerweise wurden die Georgianer in München geweiht. Da wir zwei Wertinger waren, schlug der damalige Pfarrer vor, ob wir nicht in unserer Heimatstadt geweiht werden wollten. Das Einverständnis meines Kollegen vorausgesetzt, war ich einverstanden. Ich glaubte nicht, dass der Bischof darauf eingehen würde.

Tatsächlich tat er dies. Jetzt wollte mein Kollege nicht. Da der dritte Kandidat, sein Freund, in München sonst allein geweiht würde. Nach einer Krisen-Sitzung war ich einverstanden, allein geweiht zu werden, falls der Bischof zustimmte. Und so wurde es.

Die ganze Stadt wurde aktiv, Priesterweihe in Wertingen!

Bischof Josef Stimpfle nahm die Weihe vor.

Es war für mich natürlich überwältigend, im Beisein vieler Priesterfreunde, ca. 50, vom Diözesanbischof in der Heimatkirche geweiht zu werden, in der ich getauft wurde, die Firmung von seinem Vorgänger empfing und zur Erstkommunion ging.

Bei der Weihe und während der Dankandacht am Nachmittag waren vier Neupriester von den insgesamt acht dieses Jahrgangs anwesend, die natürlich den Primizsegen spendeten. Die Kirche war zweimal brechend voll.

Beim Festessen in einem bekannten Gasthof, zu dem wir in einem Festzug mit Musik und den geladenen Gästen gezogen waren, bedankte ich mich in einer Rede für diese so gewordene Priesterweihe. Unter anderen meinem anwesenden, ehemaligen Heimatpfarrer, unter dem ich groß geworden war, für sein priesterliches Beispiel. Der Bischof bezeichnete diesen Satz als den schönsten, der an diesem Tag gesprochen worden sei. Das beispielgebende Leben der Priester vor Ort war daraufhin sein Thema.

Acht Tage später war Primiz auf einer Freialtarbühne.

1976 war ein heißer Sommer mit einer langen Hitzeperiode, gut für den Weinjahrgang. Zwischen Priesterweihe und Primiz kam der große Regen. Er dauerte bis zum Sonntagmorgen 3 Uhr nachts. Zu dieser Zeit beschlossen die Schülerinnen der Krankenschwesternschule, einen viel bewunderten Blumenteppich, die sieben Sakramente in Symbolen darstellend, aufzubauen. Alle Gärtner der Stadt halfen zusammen zum ungewöhnlich festlich bunten Blumenschmuck auf dem Freiplatz vor der Turnhalle.

Der Primiziant wurde mit der Musikkapelle, vielen Fahnenabordnungen, Ehrengästen und den Priestern in einem Zug vom Elternhaus abgeholt.

Zum Festgottesdienst wurden 5000 Teilnehmer gezählt. Das Wetter war bewölkt, kein Regen. Es war nicht kalt, nicht warm, gerade recht. Am nächsten Tag regnete es den ganzen Tag. In der Redaktion der Ortszeitung wurde ich gefragt, was hättet ihr gemacht, wenn es gestern so geregnet hätte. Meine Antwort: Wir haben nur mit schönem Wetter gerechnet. An Regen hat niemand gedacht.

Wenige Tage später eine Nachprimiz vom 99. Priester aus Wertingen. Dazwischen das Fest der Ewigen Gelübde einer Franziskanerin von Maria Stern, die in unserem Kreiskrankenhaus als Krankenschwester arbeitete.

Altarweihe in der ersten Pfarrei
1982, Sonntag 7. November, nach wochenlangem Hochnebel strahlender Sonnenschein, aber sehr kalt. Die ganze Gemeinde erwartete Bischof Josef Stimpfle zur Weihe eines neuen Altars zum Abschluss der Kirchenrenovierung, die von 1980 bis 1982 dauerte. Eine weitere Begegnung mit unserem Bischof. Ein Höhepunkt am Beginn meines Wirkens als Pfarrer einer Gemeinde. Nach kirchlicher Tradition senkte der Bischof während der feierlichen, symbolträchtigen Weiheliturgie Reliquien dreier Heiliger bzw. Seliger in den Altar ein: die Heilige Therese von Lisieux, die bekanntlich später zur Kirchenlehrerin erhoben wurde; die Selige Crescentia von Kaufbeuren, die 2001 heilig gesprochen wurde; die Heiligen Martyrer von Uganda, der Jugendliche Karl Lwanga mit Gefährten. Auf dem Platz ihres Martyriums, Mityana, hatte die Diözese Augsburg ein kirchliches Zentrum erbaut, das später Sitz eines Bischofs und Zentrum einer neu gegründeten Diözese wurde.

Beim Festmahl in einem bekannten Restaurant des Ortes mit geladenen Gästen, Firmeninhaber der Restauratoren, Honoratioren der politischen und kirchlichen Gemeinde u.a. konnte ich dem Bischof einiges über meine geistlichen Pläne mit der Gemeinde erzählen. Nicht zuletzt einen Herzenswunsch, ich hätte mir für den neuen Altar eine Reliquie des Heiligen Pfarrers von Ars gewünscht. Der Bischof erfüllte mir meinen Wunsch, diesmal nicht für einen Altar, sondern für mich persönlich. Seitdem trage ich Reliquien dieses Heiligen ständig mit mir.

Diözesen-Sprecher der Charismatischen Erneuerung
1986 bis 1992, während zweier Wahlperioden wurde ich, zusammen mit einer Laiin, von Leitern der Gebetskreise der ganzen Diözese zu sogenannten Diözesansprechern gewählt und vom Bischof per Ernennungsurkunde bestätigt. Zu unseren Aufgaben gehörte, einmal im Jahr dem

Bischof über das Leben innerhalb der Charismatischen Gemeinde-Erneuerung, wie sie damals noch hieß, zu berichten. Nicht zuletzt, um das Vertrauen der Kirchenleitung in diese, nicht unumstrittene, neue geistliche Bewegung zu werben.

Bischof Stimpfle, selber Mitglied der Fokular-Bewegung, war sehr offen gegenüber neuen Strömungen in der Kirche, die dem Aufbau der Kirche dienen wollten. Er, der als konservativ Geltende war offener gegenüber Neuem in der Kirche als mancher sogenannte Progressive. Auch ein Paradox, wie ich es erlebte. Solche Etiketten werden nicht selten von Außerkirchlichen, vielleicht sogar antikirchlichen Medien-Mogulen der Kirche aufgeklebt und dann innerkirchlich weiter verwendet.

Charismatische Eucharistie mit dem Bischof
1989 – 30. November, Fest des Apostels Andreas
Bei einem Bericht über das Leben der Charismatischen Erneuerung innerhalb des Bistums lud ich den Bischof in meine Gemeinde ein zu einem Charismatischen Gottesdienst-Zeremoniell, wie wir ihn jeden letzten Donnerstag im Monat in der Pfarrkirche hielten. Ich musste meinen ganzen Mut zusammennehmen, meine Bitte auszusprechen. Vielleicht hatte ich Angst vor einer Ablehnung. Das Gegenteil war der Fall. Der Bischof freute sich, sagte gerne zu. Mit dem Sekretär im Vorzimmer durfte ich einen Termin vereinbaren.

Zwei Ziele hatte ich für diese Einladung im Blick:

Erstens wollte ich, dass der Bischof persönlich einen solchen Gottesdienst miterlebt, um sich selbst ein Bild machen zu können.

Zweitens wollte ich mich dem Urteil des Bischofs unterstellen, falls er Änderungswünsche hatte.

Dann war es soweit. Wir verzichteten auf ein offizielles Zeremoniell wie es bei Bischofsempfängen sonst üblich ist. Nur intern in der Gemeinde und auch im normalen Kirchenanzeiger machten wir auf das Kommen des Bischofs aufmerksam. Ein aufmerksamer, kommunaler Berichterstatter der Lokalzeitung hatte davon Wind bekommen und einen Pressebericht verfasst.

Kennzeichen echter Erneuerung

In seiner Predigt brachte Bischof Stimpfle seine Freude über die vielen modernen Lieder zum Ausdruck, was bei der ganzen Gemeinde Freude aufkommen ließ. Die Freude durchbrach die Spannung, die ein Bischofsbesuch normalerweise mit sich bringt. Weiter freute er sich über den pfingstlichen Aufbruch, der in der Weltkirche festzustellen ist und auch sein Bistum erreicht hat. Er dankte allen Anwesenden für die wichtige Mithilfe, den Glauben weiterzutragen.

Vier Kennzeichen eines echten Aufbruchs markierte der Bischof:

1. Jesus Christus müsse der Herr jedes einzelnen sein. Wer Jesus als den Herrn seines Lebens sehe, der sei im Heiligen Geist. Ein lebendiger Lobpreis ergreife die Herzen, dass sie anfangen zu brennen.

2. Erfüllt sein mit Heiligem Geist bringe Heilung durch Bekenntnis seiner Sünden, die Vergebung bewirke, dass wir neu erfüllt werden mit dem Licht der Anwesenheit des Dreifaltigen Gottes und nicht anders können als danken und jubeln und uns freuen. Fröhlichkeit strahlt auf den Gesichtern der Erlösten. Denn wo der Heilige Geist wirkt, da ist die Kirche. Da wirke die Erkenntnis, dass Christus das Haupt der Kirche sei.

3. Das dritte Kennzeichen ist die innige Gemeinschaft mit der Kirche. Die Liebe zur Kirche.

4. Ein missionarischer Feuergeist müsse Kennzeichen echter Erneuerung sein. Die sich vom Geist leiten ließen, würden Eroberer für Christus. Wo charismatischer Aufbruch ist, wächst wieder neu die Kirche Gottes. Werden Menschen in die Kirche zurückgeführt, die sich aus welchen Gründen auch immer von ihr entfernt hätten.

Was im Osten geschieht, ist unglaublich

Nach diesen Kernaussagen über echte Erneuerung der Kirche kam der Bischof auf den Osten zu sprechen. Er hatte kurz zuvor mit einer Gruppe aus dem Bistum die erste Pilgerreise nach Russland unternommen – seit der Revolution 1917. Bischof Josef erzählte einige Veränderungen als Kennzeichen, dass unter Gorbatschow etwas Neues begonnen habe. Ein

Priester dürfe statt wie bisher einmal im Monat jetzt jeden Sonntag eine Messe mit seinen Gläubigen feiern.

Was im Osten geschieht, ist unglaublich, ein Werk des Heiligen Geistes.

Schließlich gipfelt die Predigt des Bischofs mit der Aussage:

Das dritte Jahrtausend gehört niemand anderem als Jesus Christus.

Er ermutigte die Gemeinde, auf die Macht des Gebets zu vertrauen:

– Halten Sie fest an den Gebetszusammenkünften!

– Beten Sie persönlich zuhause!

– Beten Sie morgens, am Mittag und am Abend in Ihren Familien!

– Kommen Sie vor allem Sonntag für Sonntag zusammen zum Gebet

– und nehmen Sie andere mit!

Gebet für andere

Nach der Eucharistiefeier war der Bischof bereit, mit den anderen Gebets-Teams für Menschen zu beten. Hinter dem Zelebrationsaltar nahm der Bischof mit mir auf Stühlen Platz. Wer den Mut hatte, von uns für sich beten zu lassen, setzte sich zwischen uns. Wir beteten für die Menschen mit Handauflegen. Zunächst betete ich laut in dem Anliegen, das die Person gesagt hatte. Der Bischof war anfangs sehr zurückhaltend. Er überließ mir das Feld. Erst als ich ihn bat, auch zu beten, tat er dies. Bei einer Person hatte ich den Eindruck, dass dessen Fehlverhalten seit mehreren Generationen vorhanden sei. Ich bat den Bischof mit seiner bischöflichen Vollmacht in diesem Anliegen zu beten, worauf er sofort einging. Zwischen den Gebeten, in den Pausen, sprachen wir über die Fälle.

In einer solchen Gebetspause war ich versucht, den Bischof aufmerksam zu machen, mit welchen Fällen wir es bei diesen Gottesdiensten zu tun hätten. Irgendeine Hemmung verschloss mir den Mund. Da sagte er von sich aus: Was glauben Sie, mit welchen Fällen ich als Bischof zu tun habe!?

Aus meinem anfänglich aufkommenden Stolz wurde Demut. Es war gut, nicht vorgeprescht zu sein.

Beurteilung

Ich fragte den Bischof, was er nun von der Sache halte.
Womit er nicht einverstanden ist? Ob wir etwas ändern sollten?
Die Antwort des Bischofs:
- Machen Sie so weiter wie bisher! Ich wäre froh, wenn es mehrere solche Gottesdienste in der Diözese gäbe.
- Die Lieder sind sehr gut. Sie haben zumeist einen biblischen Text als Grundlage.
- Ich würde mir wünschen, dass die Synodalen einen solchen Gottesdienst miterleben könnten. (Diözesan-Synode 1990)
- Es sind sehr viele Jugendliche mit anwesend (durchschnittlich waren ein Drittel der Teilnehmer Jugendliche).

Begegnung mit dem Team

Nach dem Gottesdienst hat es sich als gemeinschaftsfördernd für alle Mitwirkenden beim Gottesdienst erwiesen, noch im Pfarrstadel zusammenzusitzen zum lockeren Austausch und miteinander zu essen. Ein Ehepaar hatte sich bereit erklärt, ein einfaches, warmes Essen zu bereiten. (Das machen sie heute noch, nach fast 30 Jahren.)

Natürlich luden wir auch den Bischof dazu ein, mit seinem Sekretär und dem Fahrer. Der Sekretär hatte sich in die Reihe der Beichtväter eingereiht. Er war begeistert von der Art der Beichten und vom Gottesdienst insgesamt.

Der Bischof nützte die Gelegenheit, mit den MitarbeiterInnen der Erneuerung vor Ort zu sprechen. Er ging auf ihre Fragen und Anliegen ein, schrieb mir einige ermutigende Sätze ins Gästebuch des Pfarrhauses.

Ein schöner Tag für die charismatische Gemeinde!

Eine ermutigende Bestätigung unserer Arbeit!

Private Begegnungen

Bei einigen privaten bzw. persönlichen Begegnungen erinnere ich mich an folgende Inhalte: Im Bischofshaus berichtete ich noch einmal über unser Wirken in der Gemeinde. Es war ein ständiges Wachsen, was immer auch eine neue Herausforderung bedeutete. Nach meinem Bericht, anhand eines kleinen Notizzettels mit einigen Stichpunkten, war Bischof Stimpfle so angetan, dass er mich bat, ihm das Vorgetragene als schriftlichen Bericht einzureichen (was ich nie tat). Er sei gerade dabei, seinen Ad-limina-Bericht über die Diözese zu verfassen. Darin möchte er diese erfreuliche Entwicklung erwähnen.

Als ich ihn später nochmals daran erinnerte, mich entschuldigte, seiner Bitte nicht nachgekommen zu sein, tröstete er mich mit den Worten: Er habe das Ganze trotzdem in seinen Bericht hineingenommen und an die verschiedenen Dikasterien der Vatikanischen Behörden eingereicht.

Bei dieser Gelegenheit sagte ich dem Bischof auch, dass es für mich oft sehr schwer sei, manchmal fast unerträglich – wenn man wisse, was Christentum sein könne, und dann müsse man sich mit so viel Nebensächlichem herumschlagen. Besonders schwer falle mir das Ertragen, die Auseinandersetzung mit unserem Normal-, Durchschnitts-Christentum, mit dem Anspruch, sie wüssten, was Christentum sei und wie Kirche auszusehen habe.

Darauf seine Antwort: In dieser Spannung sind wir dem Herrn nahe.

Diese Antwort war eine riesige Entlastung für mich, zeigte sie mir doch, dass es dem Bischof genauso erging, vermutlich noch potenziert.

Bei gewissen Problemen (etwa Befreiungsgebet) fragte ich, ob ich das oder jenes tun dürfe. Seine Antwort, nach kurzem Überlegen: »Ach, probieren Sie das einfach aus. Dann macht man Erfahrungen. Wenn etwas falsch ist oder nicht ganz richtig, dann korrigiert sich das schon wieder. Der Heilige Geist hilft einem schon, gesamtheitlich das Richtige zu tun.«

Ein großes Vertrauen. Eine große Ermutigung.

Es war ein sehr tiefes, geistliches Gespräch. Ein geistlicher Austausch – gewissermaßen, der mich mit meinem Bischof innerlich tief verband.

Ein andermal, ich ging neben dem Bischof, in einem geistlichen Haus zum Speisesaal. Er hatte soeben einen Vortrag gehalten. Ich sagte ihm – er war inzwischen emeritiert, ich konnte also nicht mehr des Süßholzraspelns verdächtigt werden:

Herr Bischof, Sie haben so viel Geistliches »drauf«. Ich hätte mir immer gewünscht, dass Sie mit ihren Priesteramtskandidaten auf eine Hütte gegangen wären – er war bekanntlich versierter Bergsteiger – und ihnen eine Woche Exerzitien gegeben hätten. Außer dem Spirituellen hätten Sie die Weihekandidaten kennen gelernt. Und diese hätten Sie, ihren Bischof kennen gelernt.

Daraufhin hat er lange geschwiegen. Schließlich sagte er: Die Verwaltung hat halt doch die Überhand behalten!

Weisheiten fürs Leben
Vor einer neuen Aufgabe, wieder in einem geistlichen Haus, bat ich den Bischof um ein Gespräch.

Wir setzten uns ein bisschen zusammen, wie er es nannte.

Ich fragte den Bischof, was er für wichtig halte, wenn ich jetzt mit der Arbeit in einer neuen Pfarrei beginne.

Ohne lange zu überlegen riet er mir: Suchen sie sich einige Leute aus der Gemeinde und beten sie regelmäßig mit denen für die Erneuerung der Pfarrei.

Ein weiterer Rat in einem anderen Zusammenhang war, an den ich mich oft erinnerte und gerne bei Bedarf an andere weitergab:

Machen Sie einen Schritt nach dem anderen! Man kann nicht den fünften vor dem ersten Schritt machen. Das kann nicht gelingen.

Fangen Sie mit dem ersten an. Dann kommt der zweite usw.

Eine einfache Weisheit. Aber eine große Hilfe für's Leben.

Ich sprach darüber, wie ich es mit den evangelischen Räten hielte, die ich – auch als weltlicher Geistlicher – wenigstens ansatzweise versuchte, zu leben. Er zeigte viel Verständnis. In seiner Beratung zeigte er offensichtlich, wie er selbst mit diesen Dingen umging.

Er sprach wie ein Vater zu seinem Sohn.

Aktuelle Fragen

Schließlich kamen wir auf das Problem der wiederverheirateten Geschiedenen. Für mich war es immer eine Schwierigkeit.

Wenn ein Paar heiraten wollte, und ich den Eindruck hatte, da ist wenig Glauben vorhanden. Es ist schwierig, in einem kurzen Gespräch, dem sogenannten Brautgespräch, ein junges Paar für das Sakrament der Versöhnung zu gewinnen. Bei sogenannten Brautleutetagen konnte ich näherhin darauf eingehen, dass es wichtig sei, mit Erfahrungen, zumeist auch Verletzungen aus vorigen Beziehungen, aufzuräumen im Inneren, innerlich den betreffenden Personen zu vergeben, um Heilung der Wunden zu beten und ähnliches. Wenn ich versöhnt bin, an erster Stelle mit Gott, dann gehe ich glücklicher in die Ehe hinein. Sie selber spenden sich ja im Akt der Trauung das Sakrament der Ehe.

Du begegnest einem anderen, an Jahren schon reiferen Paar. Irgendwie kamen sie mit Menschen mit einem lebendigen Glauben zusammen, der sie ansteckte. Jetzt wurden sie gläubig, sind vielleicht sogar wieder in die Kirche eingetreten. Aber sie leben inzwischen in einer zweiten Ehe, womöglich mit (neuen) Kindern. Und jetzt – dürfen sie nicht mehr zu den Sakramenten gehen. Obwohl sie jetzt glauben, also ihren Alltag mit Christus leben, täglich beten, mehr als ein kurzes Tischgebet am Mittag, jeden Sonntag zur Kirche gehen. Lebendig Gläubige gehen sogar werktags. Jetzt sind sie vom Empfang der Sakramente ausgeschlossen.

Das ist für mich ein Paradox, mit dem ich schwer zurechtkomme, nicht nur theoretisch, sondern konkret in der Praxis.

Der Bischof zeigte hier sein weites Herz.

Natürlich wiederholte er den Standpunkt unserer Kirche, der mir natürlich vertraut ist. Trotzdem ermutigte er mich, mit Augenmaß weiterzumachen, auf dem Hintergrund der Lehre der Kirche.

Der emeritierte Papst Benedikt XVI erörtert in einem seiner Bücher – »Licht der Welt« – ähnliche Fälle. Er wäre sogar geneigt gewesen, in solchen Fällen anders zu entscheiden als die bisherige Praxis. Der Rat der Fachtheologen hinderte ihn an einer neuen Entscheidung.

Letzte Begegnung in St. Ulrich und Afra

Priestertag während der Ulrichswoche in Augsburg.

An diesem Begegnungstag der Priester, ein Montag, mache ich gerne meine Ulrichswallfahrt.

Wie meistens, wenn ich nach Augsburg fahre, regnete es auch an diesem Tag. Durch den Verkehr vom Allgäu her und durch das Wetter bedingt, kam ich zu spät an, sodass ich nicht mehr konzelebrieren konnte. Ich stellte mich hinter die Konzelebranten, seitlich im Chor. Der zu diesem Zeitpunkt emeritierte Erzbischof Josef Stimpfle war Hauptzelebrant und Prediger.

In seiner Predigt trug er seine geliebte Vision vom Jahr 2000 vor mit der geistlichen Bedeutung des dritten Jahrtausends, das er gerne mit dem dritten Tag nach dem Tod Jesu, also dem Tag der Auferstehung verglich.

Er hatte ein Konzept, wich aber immer wieder in seiner Begeisterung davon ab. Aber irgendwie klappte die freie Rede nicht (mehr) so recht. Er merkte es selber und kehrte wiederholt zu seinem Vorbereiteten zurück. Was er sagen wollte, konnte er – für mich – nicht mehr so verständlich machen.

Nach dem festlichen Gottesdienst, beim Auszug: Der amtierende Bischof Viktor Josef Dammertz ging vor seinem Vorgänger her. Ich hatte mich dem Zug zugewandt. Der neue Bischof sah mich. Wir begrüßten uns mit einem freundlichen Lächeln und Kopfnicken.

Als mich Bischof Josef sah, strahlte sein Gesicht auf, er ging aus dem Zug heraus, auf mich zu, um mich mit Handschlag zu begrüßen. Diese Geste hat mich sehr gefreut.

Es war meine letzte Begegnung mit ihm.

1996, 13. Juli – Beim Weihe-Jahrestag unseres Weihekurses – 1976, also der 20. Jahrestag – hatten wir uns diesmal im Missions-Benediktiner-Kloster St. Ottilien getroffen. In einer Seitenkapelle konzelebrierten wir zusammen. Im Gespräch berichtete ich von meiner Beobachtung des Bischofs Josef bei diesem Gottesdienst in St. Ulrich und Afra. Irgendwie hatte ich den Eindruck, dass mit seinem Gehirn etwas sei. Sein Neffe war dabei. Nachdenklich betroffen hörte er zu.

Im Herbst während seines Bergurlaubs in der Schweiz, befiel ihn eine Gehirnblutung, an der er schließlich, zurückgeflogen in die Heimat, am Fest Mariä Namen, 12. September 1996, im Alter von 80 Jahren starb.

Immer wenn ich in Augsburg zu tun habe, besuche ich selbstredend sein Grab, in der unter seiner Amtszeit gebauten, aber doch alten und bis dahin nicht mehr genutzten Bischofsgruft im Hohen Dom.

Die Folgen –
Auswirkungen, Früchte von allem

Liebe zur Bibel

Ein Meister

Im Priesterseminar in München hatten wir einen weisen Mann als Spiritual. Er hat uns Studenten in »Punkten« (eine Art Statio als Vorbereitung auf den kommenden Sonntag) die einzelnen Perikopen der Evangelien mittels Geschichten aus der Literatur, und sogar aus dem reichen Fundus der Märchen erschlossen. Er wollte uns begreiflich machen, das sind keine simplen Kindergeschichten. Märchen sind von Erwachsenen für heranwachsende Jugendliche erzählt. Auffällig ist, dass die Märchen meistens von Liebe handeln, nicht selten hocherotischen Inhalts.

Märchen sind keine erfundenen Geschichten für Kinder. Sondern geronnene Lebensweisheiten. Die alten Menschen haben beim Hoigata, beim Feierabend, besonders den jungen Frauen beim Flachs und Wolle spinnen ihre eigene Lebenserfahrung erzählt, wie sie mit der Liebe umgegangen sind, wie sie sich durchgekämpft haben als Krieg war, also ihre Männer nicht zuhause auf dem Hof, in der Werkstatt arbeiteten. Die Frauen waren mit der Arbeit, mit den Kindern, zumeist nicht wenige, auf sich gestellt. Mussten Chefin und Mutter sein.

Gefahren, Versuchungen, Treue – und ihr Gegenteil benannten sie aber nicht einfach so plump wie die Presse heute. Die Alten kleideten ihren Umgang mit ihrem Leben in eine Geschichte und gaben sie so an die junge Generation weiter, mit Weisheit und Achtung.

Ich habe das bei Brautleutetagen ausprobiert. Für mich war es immer aufregend, spannend, mit einem hohen Risiko, ob das ankommen würde – ein Märchen.

Wenn ich etwa die Frau Holle der Brüder Grimm vorlas, in etwas altertümlicher Sprache, fingen die jungen Paare zu lachen an. Aber es wurde stiller und stiller bis alle gespannt zuhörten, obwohl sie das Märchen kannten. Diese Geschichte hatten sie oft vorgelesen bekommen oder von einer Kassette gehört oder gar im TV oder auf einem Video gesehen. Sie hörten gespannt zu.

Für mich ein Zeichen der Faszination dieser Märchensprache. Ganz einfache Sätze, gereinigt und geläutert durch viel Erzählen, Weiter-Erzählen, Wieder-Erzählen.

Ich erinnere mich, mein jüngster Bruder, ein Nachzügler, wollte immer und immer wieder das Märchen von den Siebengeißlein erzählt bekommen. Am liebsten von der Mutter. Wehe, wenn sie auch nur ein Wort veränderte bzw. ein anderes Wort verwendete, das ihm ungewohnt war. Sofort verbesserte er seine Mutter.

Er kannte die Geschichte längst. Trotzdem wollte er sie immer wieder hören. Er kannte sogar den Wortlaut inzwischen auswendig. Aber er wollte die gleichen Worte hören wie er sie gewohnt war.

Diese Geschichten haben eine eigenartige Faszination.

Ähnlich bei Erwachsenen.

Als ich mit diesen jungen Brautleuten den Inhalt des Märchens durchging, wussten sie den genauen Wortlaut. Beim langsamen Zusammenklauben des Inhalts malte ich auf die Tafel mit Kreidefarben eine Graphik (später machte ich das mit einem Tageslichtprojektor, aber zu einem alten Märchen passt eine altmodische Tafel besser, nur leider gibt's kaum noch welche).

So machte ich ihnen den inneren Gehalt, wie ich ihn verstand, aus der Goldmarie und der Pechmarie deutlich.

Mit Interesse waren die meisten dabei. Das überlegene Lächeln in den Gesichtern war inzwischen verschwunden.

Schließlich stand das Ergebnis fest: Die Goldmarie erkannte im Wasserspiegel des Brunnens ihr Leben. Der Brunnen als Quell des Lebens spielt in den Märchen eine große Rolle. Übrigens auch in der Bibel, im Alten wie im Neuen Testament. Die Goldmarie hatte zwar ein schweres Leben. Aber sie tat alles, was man zum Leben brauchte. Sie stellte sich den Aufgaben des Lebens und erkannte im nach Innen schauen, in ihrer Meditation am Brunnen, dass sie dies eigentlich glücklich machte. Und ihr Glück war ihr anzusehen: Goldregen. Heiligenschein ist etwas Ähnliches. Ausstrahlung, Charme sagen wir heute.

Und die andere wollte zwar auch glücklich sein, aber sie tat nichts dafür. Sie glaubte, ohne Arbeit, ohne Pflichterfüllung durchzukommen, auf Kosten anderer. Sie wollte auch glücklich sein, erfüllte aber die Voraussetzungen dazu nicht.

Sie ist: missgünstig, eifersüchtig, neidisch, hochmütig, unzufrieden, weil lebensunfähig, lebensuntüchtig. Und das sieht man ihr an: hässlich, eben Pech-Marie.

Sehr oft kam als Resümee die Antwort: Das ist doch nichts für Kinder. Das ist doch für Erwachsene!

Eben.

Am nächsten Tag kam dann eine Geschichte aus der Bibel.

Neue Spannung.

Wie macht er denn das? Wie will er das hinbekommen?

Um Missverständnisse zu vermeiden: Nie und nimmer möchte ich behaupten, dass die Bibel aus Märchen besteht, oder archetypischen Geschichten und Figuren.

Auf das tertium comparationis kommt es an. Auf den Inhalt des Ereignisses, auf die beabsichtigte Aussage kommt es an.

Der Seesturm als Beispiel – Mk 4, 35-41.

Vorlesen. Die Aussagen, den Inhalt des Ereignisses besprechen. Das Ganze graphisch darstellen, diesmal vielleicht mit Farbstiften auf ein großes weißes Blatt.

Ein Boot, mit Männchen drin, rudernd, Wasserwogen überspülen den Bootsrand, füllen langsam das Boot, einige schütten Wasser in Eimern aus dem Boot. Der Wind gegen das Boot: Verzweiflung, weil ohne Gott im Lebens-Boot.

Wenn Gott im Boot dabei sein darf. Er will gerufen, gebeten sein, kehrt Ruhe ein, Stille, alle Bedrohung weg.

Alle waren aufmerksam dabei. Wenn einer den Mut hat, bei diesen simplen, kindlichen Sachen mitzumachen, folgen auch andere.

Auf meine Frage: Hat diese Geschichte etwas mit eurem Leben zu tun? – antwortete ein junger Mann mit Temperament:

»Das *ist* unser Leben!«

Die schönste, weil treffendste Aussage, die ich je bekommen habe. Da hat einer etwas begriffen.

Die Leiter der Ehevorbereitungstage, ein Ehepaar vom Familienreferat, wollte die Literatur haben. Ich musste ihnen sagen, es gibt sicher Literatur. Aber ich verwende keine. Das ist das Ergebnis eigener Betrachtung. Mein Hobby. Meine Freude.

Anfangs, als Diakon in der Pfarrei und später als Kaplan erarbeitete ich meine Predigten nachts, wenn ich das Tagesgeschäft hinter mir hatte, meistens am Freitagabend. Heute kann ich zu jeder Zeit eine Predigt vorbereiten, nach einer Zeit der Stille und des Gebets.

Immer versuchte ich den Text zu gliedern, graphisch darzustellen, ein Bild zu malen, wenn es vom Inhalt her ging, einfach und primitiv. Auf einmal fing das zu sprechen an. Einige Gedanken an entsprechender Stelle notiert. Auf einmal hat's mich gepackt und es ging los mit Schreiben.

Nicht selten war ich so begeistert von dem Inhalt des Textes, ich hatte etwas entdeckt. Eine riesige Freude packte mich, dass ich vor Freude manchmal an die Decke springen wollte. Manchmal musste ich mich meinem Kaplanskollegen mitteilen, wenn er noch wach war.

Manchmal heckten wir gemeinsam Ideen aus, wie wir etwas Schwieriges darstellen könnten. So die Fußball-Predigt. Ein Fußball mit wenig Luft drin, springt nicht hoch, du kannst ihn nicht gebrauchen – als Beispiel für einen Christen ohne Heiligen Geist. Pumpst du genügend Luft rein, oder noch mehr, wird der Ball leicht, kannst du ihn leicht spielen, er springt in die Luft, möglichst vom Fuß ins Tor – ein Christ mit viel oder sogar erfüllt vom Heiligen Geist.

Das gab bei den Zuhörern viele Diskussionen – mit Ablehnung und humorvoller Zustimmung.

Später sah ich das gleiche von einem Firmspender. Das Beispiel hat demnach höchste Kirchenkreise erreicht.

Eine Entscheidung

Ich war als Student ein begeisterter Exeget, besonders Neues Testament und damit Anhänger der historisch-kritischen Methode. So manche Predigt eines guten alten Pfarrers zerpflückten wir mit dieser Methode. Und als einigermaßen noch junger Student ist man natürlich felsenfest überzeugt von seinem Studierten, alles frisch aus der aktuellen Forschung der Universität.

Natürlich kam ich mit dieser Methode und meiner inzwischen selbst entwickelten Art, biblische Texte zu betrachten und entsprechend zu bearbeiten, nach dem Vorbild des Meisters, nicht mehr zurande.

Irgendwann, ich habe diesen Konflikt noch gut im Gedächtnis, saß ich da, an meinem Schreibtisch, zunächst hilflos. Dann fällte ich eine Entscheidung.

Ich entschied mich, von nun an die Bibel wieder wörtlich zu nehmen. Und auf die historisch-kritische Methode weitgehend zu verzichten.

Papst Benedikt XVI relativiert in seiner Jesus-Reihe ebenfalls die historisch-kritische Methode.

Inzwischen sind andere Methoden aktuell. Meine damals getroffene Entscheidung steht bis heute. Meine Predigten sind nicht gerade als langweilig oder harmlos oder nichtssagend bekannt.

Entdeckungen

Bei solcher Beschäftigung mit dem Wort Gottes machte ich immer wieder Neu-Entdeckungen. Ein erfahrener geistlicher Mann sagte mir, als ich ihm davon erzählte, das seien Offenbarungen.

Eine solche Entdeckung war:

Die Taufe Jesu – Mk 1, 9-11

In diesen drei Versen ist die Offenbarung Gottes in drei Personen dargestellt. Nicht nur das. Die ganze Sendung Jesu als Sohn Gottes stellt sich dar. Taufe als Eintauchen in das Urelement des Wassers als Hineinsterben in die endliche Erde. Und als neuer Mensch der Auferstehung sich aus allem Vergänglichen erhebend, erhoben von Gottes Erbarmen, von seiner Liebe in seine Nähe erhoben: Das ist mein geliebter Sohn, an dem ich Gefallen habe.

Gleichzeitig wird in diesen drei Versen des Markus' die Berufung eines jeden Menschen offensichtlich: Wie Jesus ist jeder Mensch gerufen, diesen Weg zu gehen, aus Sünde und Tod in das neue Leben mit dem versöhnten Schöpfer zu leben – auf immer und ewig.

Das alles in drei Versen. Ist es so schwer, das als Werk des Heiligen Geistes anzunehmen? Auf all die intellektuellen Purzelbäume zu verzichten, dass ein solches Werk des Heiligen Geistes in unserem Kopf verstehbar ist.

Das Gleichnis vom Senfkorn – Mk 4, 30-32

Ein Vergleich für das Reich Gottes, von Jesus – vielleicht spontan – erfunden. Wieder nur drei Verse.

Und doch umspannen sie die ganze Schöpfung. Die Wurzeln dieses Baumes, geworden aus dem kleinsten Samenkorn, graben sich in die Tiefe der Erde, um an das Leben spendende, Leben erhaltende Wasser zu kommen. Gleichzeitig streckt der Baum seine Äste weit in den Himmel. Die Äste als Wurzeln in der Luft, Verwurzelung im Himmel. Der Baum verbindet die Erde mit dem Himmel. Er gibt den Vögeln, den irdischen Bewohnern des Himmels Aufenthalt, Nahrung, Heimat.

In manchen Perikopen entdeckte ich – sicher bin ich da nicht allein – sogenannte Kurzevangelien.

Etwa die Geschichte vom Barmherzigen Vater – Lk 15, 11-32

Eine Geschichte, die Jesus erfunden hat. Können wir sagen, Jesus hat den Jüngern ein Märchen erzählt, um die werbende Liebe seines und unseres Vaters zu zeigen. Wenn wir nur diese Geschichte hätten, würde das ausreichen, um die ganze Sendung Jesu darzustellen.

Die Liebe des Vaters lässt uns die Freiheit, seine Nähe zu verlassen, uns in die Freiheit zu wagen, bis wir im Missbrauch falsch verstandener Freiheit das Niveau unter dem Niveau von Schweinen erreicht hatten. Der Sohn war neidisch auf das Futter der Schweine. Die waren besser dran als er selber.

In diesem Erleben kommt die Reue als Beginn der Umkehr.

Er kehrt zurück. Er verzichtet auf seine Freiheit. Jetzt erst, im eigenen persönlichen Erleben, hat er die wahre Freiheit in einem von Liebe und Sorgen getragenen Leben mit dem Vater und dem anderen braven Sohn – entdeckt.

Der Weg des Menschen, weg von Gott in die Gottesferne, die die eigentliche Sünde ist. Das Herz des Vaters hat ihn nie alleine gelassen. Die Liebe des Vaters ist dem Sohn treu geblieben. Diese Vaterliebe hat ihn angezogen, im übertragenen und auch materiell wörtlichen Sinn.

Der erbarmende Vater zieht ihm wieder die Würde der Sohnschaft an. Der Mensch ist aus dem Tod der Sünde auferstanden zu neuem Leben.

Er war tot und lebt jetzt wieder.

Deshalb konnten sie das Osterlamm schlachten und Ostern feiern, des neu erstandenen Lebens.

Der Gang nach Emmaus – Lk 24, 13-35

Auch ein Kurzevangelium, wie ich meine.

Die beiden Jünger, in der Dunkelheit ihrer Enttäuschung, Resignation, Depression. Ihre Lebenshoffnung war zerschlagen, ja tot. Sie gehen weg vom Ort ihrer Enttäuschung.

Hören einem Fremden zu. Ihr Offensein – trotz allem, ihr Zuhören veränderte ihr Leben. Aus der Trauer erwuchs langsam Hoffnung, schließlich ein tiefes Erkennen, das zum Wissen wurde. Da erkannten sie ihn – und fast ein Ergreifen, wie bei Magdalena. Aber das brauchten sie nicht mehr. Ihr Innerstes, ihre ganze Existenz war von diesem Wissen erfüllt:

Es ist der Herr. Er lebt.

Der Weg geht weiter – mit Ihm. Er führt aus der Dunkelheit des Un-Glaubens heraus, wenn ich ihn lasse. Sie gehen eigentlich weiter, auch wenn sie zurückgehen. Der Ort, den sie verlassen haben, ist inzwischen ein anderer geworden. Nicht mehr der Ort des Todes, der Verzweiflung. Nicht mehr der Ort des Karfreitags.

Sondern jetzt der Ort von Ostern. Der Ort neuen Lebens, das den Tod hinter sich gelassen hat.

Wie der kleine Antonio bei der Vorbereitung zur Erstkommunion gesagt hat – eine Sternstunde:

Wenn ich Jesus empfange, der auferstanden ist, der nicht mehr sterben kann, dann kann auch ich nicht mehr sterben. Weisheit eines Kindes.

Geistliche Vaterschaft

Es ist eine schöne Erfahrung, als überzeugt eheloser Priester, innerhalb des geistlichen Lebens erleben zu dürfen, dass es Menschenkinder gibt, die es ohne mein/unser Mitwirken als geistliche Gemeinde nicht geben würde. Nur einige herausragende Beispiele sollen davon Zeugnis geben:

Ein junges Ehepaar kam öfters ins Pfarrhaus mit einem etwa vierjährigen Buben, ihr erstes Kind, behindert, überaktiv.

Ich betete oft und viel um Heilung für den Jungen. Die Eltern stellten zwar Besserung fest, aber keine Heilung.

Immer wieder hatte ich Personen bei mir mit besonderen Charismen. Ich lud das Ehepaar mit ihrem Jungen ein, damit wir für seine Heilung beten könnten. Beim gemeinsamen Gebet kamen Worte und Bilder. In einem (inneren) Bild wurde die junge Ehefrau mit einem Baby auf dem Arm gesehen. Ich wusste, dass sie wegen der Behinderung des Jungen keinen Mut für ein zweites Kind hatten. So erklärte ich dem Paar, dass das Bild nicht unbedingt bedeuten müsste, dass sie ein zweites Kind bekommen sollten. Das könne auch neues Leben bedeuten oder einen neuen, kraftvolleren Glauben.

Nach entsprechender Zeit kam die überglückliche Nachricht, sie hätten ein Töchterchen bekommen. Das Gebet damals habe ihnen den Mut dazu gegeben. Das Kind sei völlig gesund. Ihr immer noch behinderter Bruder ganz glücklich mit seinem Schwesterchen.

In die Kirche, beim Beten in persönlichen Anliegen, kam eine junge Frau zu meinem Team. Sie sei schon sieben Jahre verheiratet und immer noch kinderlos, obwohl ein Kind ihr sehnlichster Wunsch sei. Wir beteten für sie. Das hörte die Frau natürlich nicht. Irgendwie spürte sie eine Erleichterung, eine neue Freiheit.

Wir fragen die Leute nach dem Beten immer, wie es ihnen geht, ob besser oder schlechter oder ähnliches.

Nicht lange darauf kam sie wieder in den Gottesdienst und verkündete uns strahlend, sie sei schwanger.

Bei einer Tagung für heilende Berufe war ich zu einem Vortrag über Heilung eingeladen. Nach den beiden Vorträgen hatte sich eine lange Schlange vor mir gebildet, von Leuten, die mit mir reden wollten.

Eine Frau wollte nur meine Telefonnummer, um anrufen zu können: Später rief sie an, Thema ungewollte Kinderlosigkeit. Ich lud sie ein, für sie zu beten. Wir sprachen über ihre Lebenssituation, Probleme mit dem Vater ...

Nach über einem Jahr (!) kam eine überglückliche Geburtsanzeige eines Töchterchens.

Ein Ehepaar hatte schon ein behindertes Kind, wollte auch kein zweites mehr aus Angst, wieder ein behindertes zu bekommen.

Die Ehe, die ganze Familiensituation war sehr schwierig. Wider Erwarten wurde die Frau schwanger, voller Ängste. Zwei Fruchtwasseruntersuchungen waren positiv. Alle sind für Abtreibung. Was sollte sie tun?

Meine Antwort: Wenn Sie mich als Priester anrufen, kennen Sie schon die Antwort. Ich versprach ihr, für sie und das Kind zu beten. Sie solle einfach auf den Willen Gottes vertrauen. Das hat sie wirklich getan. Irgendwann kam sie freudestrahlend mit ihrem frisch geborenen Sohn in die Kirche mit der Botschaft: Er ist ganz gesund!

Wir freuten uns alle in der Kirche. Ich bestellte ihrem Mann herzliche Glückwünsche. Ihre Reaktion: Er ist auch da, hinten in der Kirche.

Das Kind, die Erlaubnis es leben zu lassen, hat die Ehe und Familie gerettet.

Eine andere junge Frau hatte schon einige Kinder. Ein neues hatte sich angemeldet. Zugleich mit dem Kind wuchs ein Myom im Uterus mit, was dem Kind seinen Platz wegnahm. Der Arzt riet schon zur Abtreibung, weil das Kind eh' bald nicht mehr lebensfähig sei. Das Myom könne man nicht entfernen. Wir beteten kräftig. Bei der nächsten Untersuchung war kein Myom mehr vorhanden.

Ein schon reiferes Ehepaar bekam kein Kind. Wir machten eine richtige Gebetsaktion. Schließlich kam ein kleiner Junge. Ich durfte ihn taufen, ein schönes, geisterfülltes Fest – wie selten.

Immer wieder besuchte mich die junge Familie. Sein Vater sagt, nach jedem Besuch würde der Bub einen Entwicklungsschub machen, wie er sich ausdrückte. Der erbetete Bub hat eine eigenartige innere Beziehung zu mir. Er kommt auf mich zugelaufen, schaut mich groß an, sagt meinen Namen. Nach einem Besuch sollte ich unbedingt mitfahren. Ungeduldig wies er immer wieder auf den Vordersitz, ich solle mitfahren zu ihm nach Hause. Groß die Enttäuschung, als ich nicht mitfuhr.

1989 besuchte ich – nach 1977 zum zweiten Mal – meinen langjährigen Freund und Missionar in Mariannhill, Südafrika, stammend aus meiner engeren Heimat, aus Dirre (= schwäbisch, auf hochdeutsch Unterthürheim).

In diesem Jahr war so viel los, sogar eine Reise mit einer Gruppe nach Ägypten, Sinai mit Katharinenkloster und schließlich Israel, sodass ich eigentlich erschöpft war. Ich hatte mir vorgenommen, keine großen Touren zu machen, sondern meinen verehrten Freund in seiner Pfarrarbeit in einer coulered-location (Wohngebiet für Farbige, womit Mischlinge gemeint sind) zu begleiten.

Auf diese Weise kam ich mit vielen Menschen zusammen, mit den unterschiedlichsten Problemen, vom Alkoholismus bis zur Elefanten-Krankheit.

Mein Freund erzählte mir an unseren lustigen Abendrunden, bei denen wir gelacht hatten wie selten sonst, von einem netten jungen Paar, das bisher kinderlos blieb.

Ich schlug ihm vor, sie zu besuchen. Irgendwann fuhren wir an ihrem netten Häuschen mit seinem alten VW Passat vor, mit gebrochener Radfederung, worauf ich ihn später aufmerksam machte. Wir wurden sehr herzlich begrüßt, obwohl wir unangemeldet waren. Der junge Mann war Lehrer. Deshalb etwas besser situiert. Eine nette Unterhaltung über alte Erinnerungen mit ein bisschen Safttrinken und etwas zum Knabbern. Schließlich leitete der Pater über auf den Gedanken, ob wir beide nicht für sie beten dürften – um ein Baby. Ohne zu zögern willigten sie ein. Wir beteten zu dritt, Pater, der Ehemann und ich unter Handauflegung für die junge Ehefrau. Natürlich beteten wir auch für ihren Mann. Es dauerte nicht lange. Innerlich spüre ich immer, wenn es genug ist mit beten. Da kommt Friede auf, eine innere stille Freude: Es ist gut. Ohne Dramatik, ohne Bilder oder Worte, oder andere charismatische Erscheinungen.

Jedenfalls erreichte mich irgendwann die Nachricht – natürlich wieder zuhause – die junge Frau sei schwanger. Als das Baby geboren war, ein Töchterchen, bekam ich ein hübsches Foto von der ganzen Familie.

Geistliche Berufe

Laienberufe

Von Anfang meines Wirkens als Seelsorger war mein Bestreben, möglichst viele Laien zur Mitarbeit zu gewinnen. Natürlich beeinflusst vom Konzil, das der Stellung der Laien in der Kirche neue Bedeutung zuordnete. Angefangen von Lektoren. Auch die Lesung bei den Werktagsmessen muss nicht immer der Mesner lesen, warum nicht die älteren Ministranten? Überall legte ich Wert auf viele Ministranten, nicht nur zwei für werktags und vier für die Sonntage. Als ich mitbekommen hatte, dass die neuen Ministranten Stunden vor Beginn der Messe warteten, dass sie ja die ersten waren, um zum Ministrieren dran zu kommen, änderte ich das System. Alle, die zur Messe kamen, durften ministrieren. Für die Sonntagsgottesdienste waren zwölf eingeteilt. Nie gab es mehr Probleme. In den Erstkommunion-Klassen fragte ich, wer Ministrant werden wolle. Als in einem Jahr sofort zehn Mädchen ihre Finger streckten, ganz entschieden, während die Jungen noch umschauten, ob sie sollten, oder nicht, und wer noch streckte – da wusste ich, jetzt ist die Stunde für Mädchen als Ministrantinnen gekommen. Wenn so viel Begeisterung dafür vorhanden ist, warum nicht.

Meine älteste Ministrantin ging ins Kloster. Das war natürlich immer mein Argument gegenüber Gegnern.

Hauptamtliche Laien

Es dauerte nicht lange in der neuen Pfarrei, da meldeten sich zwei junge Männer, sie wollten Gemeindereferenten werden. Mit einem fuhr ich sogar in die Akademie nach Neuburg. Der andere machte neben seiner Ausbildung noch das Abitur nach. Der eine wurde Gemeindereferent und ist es bis heute. Der andere studierte nach Ausbildung und Abitur zwei Jahre sein Fach. Anschließend wechselte er zur Theologie über.

Geistliche Töchter

1989 trat die erste Ministrantin der Gemeinde, später Oberministrantin, wie an anderer Stelle schon erwähnt, in den Orden der Schönstätter Marienschwestern ein.

Ein voll besetzter Bus war zu diesem Fest nach Schönstatt gefahren. Unsere erste Schwester aus der jungen Generation. (Früher gab es mehrere Schwestern aus der Gemeinde, eine war sogar bei der ersten Pfarrwallfahrt nach Rom, 1983 mit dabei.)

Ein Jahr später war feierliche Profess mit etwa zehn anderen als Braut geschmückten Kandidatinnen.

Eine junge Frau machte in der Erneuerung mit. Sie wollte ursprünglich Medizin studieren, wartete auf einen Studienplatz. Ich wies sie bei Gelegenheit auf Theologie hin, ob das nichts für sie wäre. Sie studierte Theologie mit Sozialpädagogik und wurde eifrige Pastoralreferentin in mehreren Pfarreien, inzwischen verheiratet und Mutter.

Eine andere junge Frau, auch aus der Erneuerung, studierte Sozialpädagogik und widmete sich Behinderten, auch privat. Inzwischen auch verheiratet mit einem jungen Mann, der sich ebenfalls in der Erneuerung musikalisch engagierte.

Beide junge Frauen veranstalteten jedes Jahr in den Sommerferien Kinderbibeltage mit guter Beteiligung.

Vor einiger Zeit habe ich ebenfalls von einer jungen Frau erfahren, die inzwischen Frau Doktor der Theologie geworden ist.

In einem Beratungsgespräch hatte ich sie auf die Jesuitenhochschule in Frankfurt hingewiesen. Das hat sie tatsächlich getan, mit Diplom abgeschlossen. Anschließend in Rom weiterstudiert und den Doktor gemacht.

Bei diesem Weg war ich ganz wenig beteiligt. Offensichtlich nur an den Weggabelungen.

Als ich das hörte, ging mir auf – ohne es gesagt zu haben – wir Priester können nicht nur geistliche Söhne haben, sondern auch geistliche Töchter, wenn mir das so unbescheiden zu sagen erlaubt ist.

Ich interessierte mich für ihre Doktorarbeit. Sie winkte ab und meinte, die sei in Englisch verfasst. Da musste ich passen.

Nach meinem Studium hatte ich zwar mit Studenten in Seoul, der Zwölf-Millionen-Hauptstadt Koreas über aktuelle Themen der Theologie diskutiert – in Englisch. Aber das ist schon eine Weile her.

In meiner letzten Pfarrstelle hat sich eine junge Frau entschieden, in Benediktbeuren Sozialpädagogik und Theologie zu studieren. Durch ihren eifrigen Ministrantendienst und ihr Engagement als Oberministrantin nahm sie mit einer Gleichaltrigen an Wochenendkursen des Jugendinstituts in Benediktbeuren teil, um mit den für eine kleine Gemeinde vielen Ministranten religiös ausgerichtete Gruppenarbeit zu machen.

Sie übernahm noch jung Verantwortung, setzte viele Ideen ins Werk (Zeltlager, Nachtwanderungen mit einem Flurkreuz als Ziel...), unterstützt von Eltern. Schließlich wuchs in ihr der Wunsch, ihr Engagement als Beruf auszuüben und Sozialpädagogik zu studieren. Inzwischen hat sie beim Studium einen solchen Eifer und eine wachsende Freude und Liebe entwickelt, dass man nur staunen kann.

Leider kann man an dieser Hochschule der Salesianer Don Boscos nicht mehr voll Theologie studieren, obwohl die Hochschule die zweithöchste Kath.-Theologie-Studentenzahl Deutschlands zu verzeichnen hatte (nach Aussagen eines ehemaligen Oberen).

Eine zweite junge Frau der Gemeinde, ebenfalls in der Ministrantenarbeit engagiert, war bei einem Besuch in Benediktbeuren so begeistert, von den Gottesdiensten und anderen religiös begleitenden Veranstaltungen, dass sie ebenfalls dort das Studium aufnehmen will.

Welch ein Segen: Mädchen als Ministranten bzw. Ministrantinnen!

Priesterberufe

1985 war in einer mir als Administrator für zwei Jahre anvertrauten Nachbarpfarrei an der Iller Primiz.

Am geistlichen Weg dieses Primizianten war ich nicht beteiligt. Für mich waren seine Priesterweihe, an der ich dem Neugeweihten beim Anlegen von Stola und Messgewand helfen durfte, und seine das ganze

Dorf mobilisierende Primiz – ein echtes Geschenk, also ohne Verdienste. Solange ich noch in der Nähe war, brachte mir sein Vater jedes Jahr zu Weihnachten ein ausgewählt schönes Blumengesteck zum Dank für diesen großen Tag.

Der zweite Gemeindereferent, den ich oben bereits erwähnt habe, begann nach seinem Fachstudium mit dem Studium von Philosophie und Theologie.

Nach seinem Freijahr, also nach drei Jahren Studium, trat er in die neue Gemeinschaft der Seligpreisungen ein, studierte dort nochmals Theologie an einer französischen Hochschule und wurde 2001 im Stephansdom zu Wien mit sechs weiteren Kandidaten von Kardinal Christoph Schönborn zum Priester geweiht.

In seiner eindrucksvollen, schlicht und ohne Pathos vorgetragenen Predigt ging der Kardinal vom Pauluswort aus:

Wir tragen diesen Schatz in zerbrechlichen Gefäßen – 2 Kor 4,7.

Die Welt, auch die Kirchlichen seien darauf fixiert, nur auf die zerbrechlichen Gefäße zu schauen, sich dabei aufzuhalten, daran zu reiben.

Viel wichtiger sei es aber, auf den Schatz in diesen irdenen Gefäßen zu schauen. Auf den Schatz käme es letztlich an.

In der Priesterweihe werde den Kandidaten der Schatz Christi anvertraut. Zuerst ist es der Schatz seines Wortes »Ich lege mein Wort in euren Mund« (Jer 1,9), nicht zuerst euer Wort, sondern sein Wort in euren Mund, d.h. ihr müsst es verkosten. Es muss in euch »geschmackig« werden. Ihr müsst zuerst die Freude am Wort Gottes selber finden, um sie dann andern vermitteln zu können. Das Wort muss euch ergreifen… . Seid wachsam, dass ihr euch nicht selber verkündigt! Es muss eure Freude sein, dass Er von euch verkündigt wird … .

(Die Predigt von Kardinal Schönborn liegt mir schriftlich vor, im Wortlaut des Autors.)

Eine erhebende Priesterweihe, wie ich sie dem liberalen Wien nicht zugetraut hätte. Bei Anwesenheit mit Kardinal Franz König, dem Domkapitel, aus dem ich einen persönlich kenne und einer brechend vollen

Kirche. Ich hatte die Ehre, im Chorgestühl neben einem berühmten Professor für Pastoral einen Platz zu haben.

Während der langen Zeit vor Beginn der Weihe konnte ich mit ihm über aktuelle pastorale Konzepte sprechen, auch seine Meinung zu Erneuerungsbewegungen erkundigen. Ein sehr angenehmes, ja wegweisendes Gespräch.

Im Anschluss an die Weihe konnte ich noch mit Kardinal Schönborn wie mit dem fast hundertjährigen Kardinal König sprechen und ein Autogramm bekommen. Wie immer stellte ich mich als von Bayern kommend vor. Worauf Kardinal König sofort das Bayerische Fernsehen lobte und mir auftrug, ich sollte die Bayern herzlich grüßen. Ich kam mir vor wie der Primas von Bayern.

Acht Tage später war die Primiz in der Heimatpfarrei, meiner ehemaligen, ersten Pfarrstelle, wobei ich die Ehre hatte, Primizprediger zu sein. Nach einigem Zögern hatte ich angenommen.

Diese segenerfüllten Feiern waren mein schönstes Geschenk zu meinem Silbernen Priesterjubiläum, das ich eine Woche später in meiner Wohnpfarrei am Ries feierte.

2003 – im Juli war Priesterweihe in Rottenburg eines zweiten geistlichen Sohnes. Durch seine Cousine kam er in die speziellen Gottesdienste in der damaligen Pfarrei. Er war schon Beamter auf Lebenszeit. Ich empfahl ihm ebenfalls, in die Gemeinschaft der Seligpreisungen einzutreten.

Diese Gemeinschaft habe ich kennen gelernt als eine in unserer Zeit notwendige Hilfe, jungen Menschen zu helfen, ihre Berufung zu finden, Berufung zur Ehe oder zum zölibatären Leben. Obwohl Frauen und Männer in einem Haus zusammen ihr geistliches Leben leben, entscheiden sich nicht wenige zum ehelosen Leben als Mann oder Frau – mit oder ohne Habit.

Nach einigen Jahren in dieser Gemeinschaft kam bei unserem Kandidaten die Berufung zum Priester auf. Er trat aus, ging nach Landershofen. Sein geistlicher Begleiter dort ist heute Bischof. Natürlich war dieser aufgeweckte junge Mann im Seminar Studentensprecher. Sogar sein Weihkurs, darunter einige Doktoren, wählten ihn zum Sprecher ihres Kurses.

Seine Priesterweihe, mit neun weiteren Kandidaten, im neu restaurierten Dom zu Rottenburg war ein großes Fest, auch für mich persönlich.

Die Primiz in der Heimat war ein kirchliches Volksfest, in einem großen Festzelt, mit vielen Priester-Freunden und 1500 Mitfeiernden.

Ein Jahr zuvor war Primiz von seinem Cousin, der als Pfarrer in Sibirien wirkt, Diözese Nowosibirsk. Sein Bischof, deutscher Abstammung, hatte ihm die Primizpredigt gehalten.

2011, ein Jahr vor meiner Pensionierung feierten wir in meiner letzten Pfarrstelle Primiz eines Diözesan-Priesters. Zwei Ausbildungen hatte er durchlaufen, bis er ebenfalls in Landershofen sein Studium durchlief und schließlich zum Priester geweiht wurde. Seine Priesterweihe im Dom zu Augsburg, die erste im Bistum des neuen Bischofs, war ein erhebendes Fest.

Die Primiz in einem kleinen Weiler der Pfarrei war ein gut organisiertes, glaubensfrohes Kirchenfest mit etwa 2 000 Mitfeiernden.

Bei der Überarbeitung des Manuskriptes für dieses Buch erreichte mich die Einladung zu einer Priesterweihe und Primiz in München.

Der Diakon und Priesteramtskandidat war zu meiner Illerberger Zeit jahrelang eifriges und treues Mitglied im Gebets-Team bei Charismatischen Gottesdiensten. Er ist inzwischen in den Orden der Salvatorianer eingetreten, hat Theologie studiert und wird dieses Jahr zum Priester geweiht.

Eine weitere Berufung

2003, 27. Juli – Zwei Wochen nach der Primiz ihres zweiten Priester-Cousins empfing dessen Cousine die Jungfrauenweihe in einer Pfarrei am Ries. Normalerweise nimmt der Diözesanbischof solche Weihen vor, eine Standesweihe in den ersten Jahrhunderten des Christentums normaler Brauch, seit dem Konzil wieder entdeckt und nicht seltene Praxis unserer Tage, wie etwa der ständige Diakonat wieder entdeckt wurde.

Ein Prälat, mit der Vorbereitung der Frauen auf diese Weihe beauftragt, nahm die Weihe vor.

In seiner eindrucksvollen Predigt zeichnete der Prälat ein Bild des Religiösen der Gegenwart, einen Synkretismus, vermischt mit Falschlehren, über den sich niemand aufregt.

Nur – eine Ausnahme, so scheint es manchmal, gibt es dann doch.

Wenn eine Tochter ihren Eltern eröffnet, sie wolle in einen Orden eintreten oder ein Sohn, er wolle Priester werden, dann reagieren manche Eltern so, als wäre das schrecklichste aller denkbaren Unglücksfälle über diese Familie hereingebrochen.

Eine Frau, die in der Welt lebt, einem Beruf nachgeht, hat für sich erkannt, sie will nicht heiraten, sondern ganz für Gott leben: mit Christus und für ihn leben und wirken. Gott ist für so einen Menschen absolut wahr. Er ist eine absolute Wirklichkeit. Unendlich wirklicher und wichtiger als jede andere Wirklichkeit, die es im Leben gibt …

Ferner ging der Geistliche über das gängige Kirchenbild ein:

Was ist die Kirche?

Ein Verein? Aber der Letzte von allen Vereinen? Eine hoffnungslos überlebte Organisation, die nicht mit der Zeit mitgekommen ist. Die noch dazu in ganz jämmerlich desolatem Zustand ist. Nein!

Für eine geweihte Jungfrau ist die Kirche auf Erden das Höchste. Sie ist Heimat. Sie ist Lebenskraft. Eine geweihte Jungfrau hält sich in dem Ort, in dem sie lebt, viel in der Kirche auf. So wird die Kirche wieder belebt. Die Kirche ist ein Ort, wo Christus gegenwärtig ist.

Die zur Kirche halten, die sie lieben, müssen auf dem Hintergrund des zeit-geistigen Kirchenbildes die wirkliche Kirche repräsentieren in ihrem täglichen Ringen, in ihren täglichen Versuchen, dass wir bereits Erlöste sind.

Auch wenn es, sogar von den engsten Angehörigen und Freunden, schwer oder gar nicht verstanden wird, einen Weg zu gehen, in dem Christus Vorrang vor allem anderen in der Welt hat:

Es kann ein großer Segen für uns und für die Kirche von einem solchen Schritt ausgehen …

Ein mutiger neuer Schritt in einem Leben als Frau, zwar nicht in einer klösterlichen Gemeinschaft, aber dennoch nicht isoliert für sich allein – privat, sondern für uns alle –, die wir Kirche sind.

Ein schöner, festlicher Gottesdienst, zusammen mit der positiv reagierenden Pfarrgemeinde, mit einem dem Fest angemessenen Festmahl und vielen Begegnungen mit der Familie und alten Freunden und Bekannten.

Für mich sind die schönsten geistlichen Früchte Menschen, die sich vom Geist Gottes ergreifen und führen lassen, ob in Ehe und Familie oder in einem ehefreien Leben. Die Kirche braucht beides. Beide Lebensformen sollen, ja müssen sich ergänzen.

Heilige Crescentia

Geläutert durch Ausgrenzung
Und Demütigungen
Wurdest Du frei von dir selbst.
Horchtest auf Seine feine Stimme.
Ge-Horchend Seiner Weisung.

Konntest raten Großen und Kleinen
Zu tieferem Vertrauen, erfülltem Leben
Mit ihm, deinem geliebten Herrn.
Erbitte uns Ehen, die miteinander
Ihr Leben teilen, ihr Lieben und Leiden.

In denen Familien werden,
Wo Gottes Werben ankommt.
Neues Leben Raum hat
Werden darf.
Im Geborgensein selbst-losen Teilens.

Und so neu Kirche wird:
Licht zur Orientierung anderer.
Würze, die Leben kost-bar macht.
Freude aus dem Innersten kommend.
Friede in versöhnten Herzen wohnend.

Aus solchen Ehen und Familien
Kommen, wie von selbst
Frische PriesterBerufe,
Neue GottGeweihte:
Eine neue Kirche.

Heilige Crescentia,
Hilf uns, hilf der Kirche unserer Tage
Heil und Heilig zu werden
Wie Du.

Nachwort

Die endgültige Entscheidung für meinen Priesterberuf ist aus einer starken persönlichen Gotteserfahrung erwachsen.

Das ist auch die Ursache meiner Motivation, in meinem Reden und Wirken als Priester, Menschen zu ermöglichen, selber Gott zu erleben. Ist jemand von ihm selber einmal ergriffen, für den ist Nachfolge nicht nur etwas für Heilige, also scheinbar unmöglich, sondern der möchte die Gemeinschaft mit Jesus nicht mehr missen. Der will mit Jesus durch sein Leben gehen, von ihm Orientierung holen. Auf diesem Weg wird einer wachsend heiler, ohne es groß zu merken. Die Wege zu solcher Gemeinschaft mit Jesus sind so unterschiedlich wie verschieden der Vater selbst die Menschen erschaffen hat. Für jeden seiner Jünger und für jede seiner Schülerinnen hat er genügend zu tun, schon allein deshalb, weil immer noch viele fehlen, die er wollte, die aber nicht zu denken wagen, dass sie gerufen sind, ausgerechnet sie, oder denen Menschen nicht erlauben oder ermöglichen, den entscheidenden ersten Schritt zu wagen.

Mein Weg ging und geht über sein alle und alles erfüllendes Wort, über das Gebet, über das Leben mit und in der Kirche.

Wer Gott erfahren hat, erlebt ihn mehr und mehr als Liebenden, Erfüllenden. Der braucht nicht mehr zu glauben, dass es Gott gibt. Der weiß, dass Er lebt.

Für solchen Wissenden verändert sich Glauben in der Weise, dass er lernt, auf diesen seinen Herrn zu hören (im Beten), und seinen inneren Anregungen zu folgen – im Ge-horsam gegenüber seinem Herrn. Darin findet er sein Glück, seine Erfüllung, seine Berufung. In solchem Prozess lernt er die Stimme seines Herrn von anderen Stimmen zu unterscheiden.

Wie die Selige Mutter Teresa es gelebt hat, wenn sie von ihrem Beten preisgibt: Mein Gebet war zuerst eine halbe Stunde – Hören. Dann erst habe ich zu Ihm, mit Ihm gesprochen.

Möge dieses Zeugnis – so verstehe ich diese Berichte – ermutigen, das Wagnis mit Jesus einzugehen. Noch keiner wurde enttäuscht. Eher – abenteuerlich – ausgefüllt mit immer neuen Überraschungen.

Vielleicht kann dieses Zeugnis auch Anregung sein, in der eigenen Gemeinde Ähnliches zu versuchen, damit unser Christenleben wieder an eine Fülle herankommt, und sich nicht mit dem Minimalsten begnügt.

Gerade heute wollen vor allem junge Menschen – alles, möglichst sofort.

Wo anders finden wir alles – wenn nicht bei ihm, unserem Schöpfer und Erlöser.

Habe Mut, davon nicht nur zu träumen, sondern deinen Traum zu verwirklichen.

Wenn du dich allein nicht getraust, suche einen, der mitgeht.

Oder geh' dorthin, wo andere dies schon probiert haben und – Freude daran gefunden haben, es zu leben.

Manche Phänomene, von denen ich im vorliegenden Buch berichte, waren in der aktuellen Praxis des kirchlichen Lebens ungewöhnlich, wenn doch nicht neu.

Ich habe einfach und schlicht aus meinen »Erfahrungen« in der Praxis berichtet. Falls irgendetwas auch nur den Anschein hat, der kirchlichen Lehre nicht zu entsprechen, unterwerfe ich mich – selbstredend – der Lehre der Kirche und ihrem Urteil.

Anton Georg Simon

Wir fördern eine Großfamilie in Makambako, Tansania

Falls dieses Buch einen Reingewinn erbringt, was nicht sein ursprüngliches Ziel ist, kommt er einer Großfamilie der afrikanischen Ordens-Schwester Gabriela Fuime zu. In den zurückliegenden zehn Jahren haben sich um sie mehr und mehr Kinder und Jugendliche – Aidswaisen gesammelt, für deren Unterhalt, Schul- und Berufsausbildung wir die finanzielle Grundlage schaffen.

Ein kleiner Kreis von befreundeten Spendern hilft uns dabei mit seinen großzügigen Spenden, die wir an die Schwester direkt weiterleiten.

Diese Hilfe ist zurzeit mehr nötig denn je. Immer öfters fällt die im Dezember wichtige Regenzeit aus. Die Leute haben gesät, der Mais fängt zu wachsen an, wenn der Regen ausbleibt, vertrocknen die aufgekeimten Pflanzen. Womit sollen sie neu aussähen, falls sich der Himmel doch noch öffnen sollte. Selten steht neues Saatgut zur Verfügung. Dazu kommt Wasserknappheit. Die Leute sind tagelang unterwegs, um Wasser zu suchen, das so gut wie immer verschmutzt ist.

Die Lebensmittel werden knapp. Alles wird teurer, wahrlich ein Teufelskreis. Mehrmals während eines Jahres können wir einem ehemaligen Lehrer dank der Spenden einen größeren Euro-Betrag mitgeben. Der schon 80-Jährige hat bei Makambako selber eine Schule aufgebaut für einheimische Kinder. Dazu einige Häuser für Lehrerwohnungen, damit gute Lehrer bleiben können.

Wenn das Geld nicht reicht, kann Schwester Gabriele Gott sei Dank bei benachbarten Missionaren Geld leihen, damit die Kinder und Jugendlichen zu Essen haben, bis wieder eine Hilfssendung in Makambako ankommt.

Jede Hilfe kommt durch uns direkt an in Tansania.

Sogar Pfarreien eines befreundeten Priesters im benachbarten Bistum Rottenburg-Stuttgart überweisen immer wieder größere Beträge. Schon in meiner Ruhestands-Pfarrei kam der Erlös der Fasten-Essen-Aktion den Kindern in Afrika zugute. Schwester Gabriela war persönlich anwesend, erzählte von ihren mutigen Erlebnissen und erheiterte die Anwesenden mit afrikanischen Tänzen, auf dem Kopf eine Flasche balancierend. Mehrere Privatpersonen aus meinem Bekanntenkreis und Familien ergänzen die Spenden.

In den letzten 10 Jahren konnten wir die Schwester mit ca. 82 000 Euro unterstützen.

Inzwischen sind zwei Lehrerinnen aus der Großfamilie (zurzeit 25 Personen) hervorgegangen, zwei junge Familien mit Babys. Ein junger Mann studiert zurzeit an der Universität.

Sr. Gabriela ist sehr bemüht, dass die »Kinder« eine ihren Begabungen gemäße Ausbildung erhalten.

Wenn Sie dieses Werk unterstützen wollen, hier das Konto:
A. Simon, Raiba Oberallgäu-Süd, »Sr. Gabriela«
IBAN DE24 7336 9920 7007 2466 09, BIC GENODEF ISFO.
Wer eine Spendenquittung wünscht: Bitte Absender angeben.

Wort des Dankes

Diese Aufzeichnungen waren zunächst gedacht als Aufarbeiten der vielen Erlebnisse und Ereignisse mit Gott und Menschen.
Mit der Zeit kam der Gedanke, diese eventuell zu veröffentlichen zum Mutmachen, »es mit Gott zu wagen«.
Dass dies schließlich real wurde, verdanke ich Mutter Annemaria und Tochter Maria Anna Weixler, »meiner« Verlegerin.
Besonderer Dank Frau Prof. Dr. Gerda Riedl im bischöflichen Ordinariat in Augsburg, Abteilung Grundsatzfragen, für die hochqualifizierte und aufwendige theologische Beratung.
Weiter danke ich Frau Dr. theol. Veronika Ruf, jetzt kompetente Mitarbeiterin am Institut für Neu-Evangelisierung und Pastoral, Augsburg, für ihre theologische Beratung.
Nicht zuletzt danke ich dem jetzigen Pfarrer von Illerberg, Pater Antony Pullokaran, der das begonnene Werk bis zum heutigen Tag weiterführt.

Vom Autor dieses Buches
ebenfalls im mani-Verlag erschienen ist der Titel
»Mein Leben ist Lieben – Mein Lieben ist Leiden«
(ISBN 978-3-9812862-6-7)

Sie ist noch eine »junge Heilige«, Crescentia von Kaufbeuren.
Vielen, nicht nur in ihrer schwäbischen Heimat, bedeutet sie sehr viel.
Was hat ihr Leben, ihr Lieben und Leiden für Jesus für uns zu bedeuten?
Was können wir von ihrer Hingabe an Christus lernen?
Wie Crescentia lebte, wie sie wirkte, wie sie litt und was sie sagte – vieles davon ist vielleicht
ein Ansporn und eine Orientierung für unsere Zeit.

Der Heilig-Geist-Altar

Vorder- und Rückseite des Buches zeigen Vorder- und Rückseite des Altares in der Pfarrkirche Hl. Geist in Durach. Eingeweiht zu Pfingsten 1998. Geschaffen vom Duracher Künstler Günter Doriat. Er erklärt sein Werk:

»Die Gestaltungsaufgabe war, eine Verbindung zwischen dem freigelegten Altar aus der 1. Hälfte des 13. Jahrhunderts und dem darüberliegenden Volksaltar zu schaffen. Außerdem sollte die Kraft des Heiligen Geistes als Gestaltungselement zum Ausdruck gebracht werden. Der Geist Gottes in Form von Feuer erscheint in Exodus 3,2: ›Dort erschien ihm der Engel Gottes in einer Flamme, die aus einem Dornbusch emporschlug. Er schaute hin: Da brannte der Dornbusch und verbrannte doch nicht.‹ Exodus 13,21: ›Der Herr zog vor ihnen her, bei Tag in einer Wolkensäule, um ihnen zu leuchten. So konnten sie Tag und Nacht unterwegs sein.‹ Im Neuen Testament heißt es in der Apostelgeschichte 2,3-4: ›Und es erschienen ihnen Zungen wie von Feuer, die sich verteilten; auf jeden von ihnen ließ sich eine nieder.‹ Als zweites Symbol des Heiligen Geistes begegnen wir der Taube, z.B. bei der Taufe Jesu, nach Matthäus 3,16, Markus 1,10, Lukas 3,22: ›Kaum war Jesus getauft und aus dem Wasser gestiegen, da öffnete sich der Himmel, und er sah den Geist Gottes wie eine Taube auf sich herabkommen.‹

Altaraufbau
Der Sockel ist aus Jura-Marmor. Die darauf stehenden vier Säulen, die wiederum die vier Evangelien versinnbildlichen, tragen die Altarplatte (Jura-Monolith), Querverbindungen und Rahmen halten den Mittelteil. Eine Scheibe aus Holz geschnitzt und vergoldet stellt den Heiligen Geist in Form einer Taube dar, der die Welt umfasst. Die Flügelspitzen umfassen den Reliquienschrein aus Edelstahl und Gold. Am unteren Teil des Schreines ist ein Bergkristall eingearbeitet, der nach unten zum früheren Altar hinweist und die Verbindung zu dem sich dort befindenden großen Bergkristall aufnimmt. Auf ihm und über ihm züngeln goldenene Flammen empor, die die Kraft des Heiligen Geistes vermitteln, wie es Lukas (24,32) in seiner Emmausgeschichte erzählt: ›Und sie sagten zueinander: Brannte nicht das Herz in der Brust, als er unterwegs mit uns redete und uns den Sinn der Schrift erschloss?‹ Zwei weitere Blockstufen führen zum Hochaltar (um 1880). An diesem befindet sich in der Mensa ein vergoldetes Halbrelief, das den Zug der Israeliten ins gelobte Land darstellt. Exodus 16,4: ›Da sprach der Herr zu Mose: Ich will euch Brot vom Himmel regnen lassen.‹ Es wäre eine große Freude, wenn sich mit dem neugestalteten Altarraum das Wort Exodus 20,24 erfüllen würde: ›An jedem Ort, an dem ich meinem Namen ein Gedächtnis stifte, will ich zu dir kommen und dich segnen.‹«